Pr. Jonas é um irmão amado e um parceiro de muito valor no ministério. Seu pensamento sobre o discipulado cristão é, acima de tudo, bíblico, além de ser prático, ricamente teológico e historicamente informado.

*Mark Dever, pastor,
Capitol Hill Baptist Church, Washington, D.C.; presidente, IX Marks Ministry; professor, Southern Baptist Theological Seminary, Louisville, KY*

Recomendo com alegria esta obra de Jonas Madureira. Trata-se de uma leitura imprescindível para todos aqueles que são chamados a seguir Jesus Cristo, com vistas a desenvolver em nossas igrejas uma cultura de discipulado como imitação de nosso Senhor e Salvador.

*Franklin Ferreira, pastor,
Igreja da Trindade, São José dos Campos; diretor e professor, Seminário Martin Bucer, São José dos Campos, SP; presidente, Coalizão pelo Evangelho no Brasil*

Jonas Madureira, pastor fiel e acadêmico reconhecido, chama nossa atenção para um dos assuntos mais negligenciados e, ao mesmo tempo, mais importantes da vida de nossas igrejas: o discipulado. Como seguir Jesus e como ajudar outros a seguirem Jesus? Jonas não apenas pensou nessas questões profundas; ele também as pratica em sua igreja. Recomendo com alegria esse querido e humilde irmão a você. Você estará em boas mãos.

*Jonathan Leeman, pastor,
Cheverly Baptist Church, Washington, D.C.; diretor
editorial, IX Marks Ministry; professor, Southern
Baptist Theological Seminary, Louisville, KY*

Este não é apenas mais um livro sobre discipulado. Jonas Madureira explora com a clareza e a erudição que lhe são peculiares as implicações teóricas e práticas não somente de seguir Jesus, mas também de ajudar as pessoas a seguirem Jesus, conferindo ao discipulado um significado mais abrangente e distinguindo-o da noção popular de que discipulado tem, necessariamente, a ver com o crescimento exponencial das igrejas e do número de seus membros. Recomendo esta obra com alegria.

*Augustus Nicodemus Lopes,
pastor auxiliar, Primeira Igreja Presbiteriana do
Recife; professor, Centro Presbiteriano de Pós-Graduação
Andrew Jumper*

Reagentes poderosos são utilizados em pequenas quantidades. Da mesma forma, as ideias catalisadas neste pequeno livro provocam uma enorme reação em cadeia, redesenhando, assim, nosso mapa mental do discipulado. Você pode até finalizar rapidamente sua leitura, mas levará anos — ou até mesmo a vida inteira — refletindo sobre as implicações e aplicações deste ensaio. Verdadeiramente, esta é uma obra nuclear!

Vinicius Musselman Pimentel, pastor,
Igreja Batista da Graça, São José dos Campos, SP;
fundador de Voltemos ao Evangelho

Jonas Madureira é um autor que capta tudo ao seu redor. Este livro revela sua atenção na vida pastoral, nos cursos que fez, nos livros que leu e nas palestras que proferiu. Ele escreve testemunhando seus *insights*, sua capacidade de pensar o tema do discipulado em todos esses momentos, trazendo, assim, uma enorme contribuição para essa grande missão que Cristo deixou para sua igreja. Leitura edificante e desafiadora!

Leonardo Sahium, pastor,
Igreja Presbiteriana da Gávea, Rio de Janeiro; diretor,
Centro de Treinamento para Plantadores de Igrejas

Teologia, filosofia e aplicação pastoral. Essa é a fórmula que Jonas Madureira usou para articular e dissecar, de forma magnífica, o tema do discipulado, cuja compreensão se faz tão necessária em nosso tempo — uma época que reduziu a igreja a fábrica e comércio, a estrutura e programas. Esse não é um "material para discipular", mas uma reflexão profunda sobre ser discípulo de Cristo, sobre ser imitador dele na mediação dos apóstolos e sobre como ajudar outros a também serem seus imitadores. Na melhor tradição histórica dos clássicos do discipulado, o autor coloca o "dedo na ferida" da igreja contemporânea e em sua compreensão superficial do discipulado. A Igreja é feita de discípulos, não de voluntários para uma obra qualquer.

Mauro Meister, pastor,
Igreja Presbiteriana Barra Funda; diretor e professor,
Centro Presbiteriano de Pós-Graduação Andrew Jumper

Um convite à reflexão sobre o que está no centro da vida cristã e eclesiástica! É como defino este livro. Por um caminho ligeiramente diferente, que envolve estradas da filosofia e da psicologia, por exemplo, Jonas Madureira chega à discussão a respeito da missão da Igreja, enfatizando a importância de uma cultura cristocêntrica de discipulado. Recomendo-o a todos, mas, de forma especial, aos pais, professores e pastores, a quem Deus tem chamado para encaminhar outros.

Filipe Fontes, ministro presbiteriano e professor,
Centro Presbiteriano de Pós-Graduação Andrew Jumper

Como pode um livro tão pequeno ser tão cheio de ideias e discussões instigantes? Neste precioso livro, o pastor Jonas Madureira nos convoca ao discipulado. Com sua escrita elegante, clara e cuidadosa, Jonas nos incentiva a seguir Cristo mais firmemente: contando o custo, enchendo o peito de ânimo e pisando na trilha seguindo o rei. Imitar Cristo, como servos redimidos que se tornam a cada dia mais similares ao mestre, é a mimetização celestial. Ajudar outros a fazer o mesmo é um baita projeto de vida.

Emílio Garofalo Neto, pastor,
Igreja Presbiteriana Semear, Brasília, DF;
professor, Seminário Presbiteriano de Brasília.

JONAS MADUREIRA

O CUSTO DO DISCIPULADO

a doutrina da imitação de Cristo

M183c Madureira, Jonas, 1976-
O custo do discipulado : a doutrina da imitação de Cristo / Jonas Madureira. – São José dos Campos, SP: Fiel, 2019.

Inclui bibliografia.
ISBN 9788581326511 (brochura)
9788581326528 (EPUB)

1. Discipulado (Cristianismo) – Doutrina bíblica. 2. Vida cristã. I. Título.

CDD: 248.4

Catalogação na publicação: Mariana C. de Melo Pedrosa – CRB07/6477

O CUSTO DO DISCIPULADO
a doutrina da imitação de Cristo

Copyright © 2019 por Jonas Madureira

∎

Copyright © 2019 Editora Fiel

Primeira edição em português: 2019

Todos os direitos em língua portuguesa reservados por Editora Fiel da Missão Evangélica Literária

Proibida a reprodução deste livro por quaisquer meios sem a permissão escrita dos editores, salvo em breves citações, com indicação da fonte.

∎

Diretor: Tiago J. Santos Filho
Editor-chefe: Vinicius Musselman
Revisão: Shirley Lima - Papiro Soluções Textuais
Diagramação: Rubner Durais
Capa: Rubner Durais

ISBN impresso: 978-85-8132-651-1
ISBN eBook: 978-85-8132-652-8

Caixa Postal 1601
CEP: 12230-971
São José dos Campos, SP
PABX: (12) 3919-9999
www.editorafiel.com.br

À
Durvalina Barreto Bezerra,
uma seguidora que sempre
me ajudou a seguir Jesus.

Bem-aventurado aquele que compreende o que seja amar a Jesus e desprezar-se a si por amor de Jesus. Por esse amor deves deixar qualquer outro, pois Jesus quer ser amado acima de tudo. O amor da criatura é enganoso e inconstante; o amor de Jesus é fiel e inabalável. Apegado à criatura, cairás com ela, que é instável; abraçado com Jesus, estarás firme para sempre.

— Tomás de Kempis, *Imitação de Cristo* (II,7)

SUMÁRIO

Prefácio 13

Introdução 17

Parte 1 — O custo do discipulado 23

    O conceito de "discipulado" 23

    O conceito de "custo" 26

    O custo de "seguir a Jesus" 28

    Discipulado e anonimato 31

    Discipulado de baixo custo 50

Parte 2 — A doutrina da imitação de Cristo 55

    Discipulado como *imitatio Christi* 55

    Sinceridade e autenticidade 60

    Mentira romântica 68

    Verdade romanesca 74

    O discipulado e a rosa 82

Conclusão 85

Referências 91

PREFÁCIO

Em abril de 2019, tive a oportunidade de conduzir, junto com meu querido amigo Jonas Madureira, um grupo de pessoas em uma viagem promovida pelo Ministério Fiel ao Reino Unido. Na ocasião, gravamos um curso sobre a história da reforma inglesa. Passamos por lugares formidáveis do bucólico interior da Inglaterra e da Escócia que, até então, eu conhecia apenas pelos livros de história. Foi uma experiência sensacional lembrar a história dos grandes feitos de Deus nos lugares em que esses eventos se passaram e visitar a memória de homens e mulheres de fé e coragem que Deus usou para fazer avançar seu evangelho e firmar sua Igreja na terra.

Nessa jornada pela história, de alguma maneira nos vimos fascinados pelo exemplo desses homens e mulheres de Deus, gente que dedicou sua vida e, em muitos casos, derramou seu sangue, não apenas por uma causa, por uma ideia, por um projeto, mas por uma pessoa real, alguém que portou uma mensagem maravilhosamente transformadora e assustadoramente perigosa. Essa pessoa os cativou tão profundamente, com um tipo de amor tão diferente de qualquer coisa deste mundo — amor que até mesmo nossas palavras se revelam insuficientes para exprimir —, que não puderam resistir à sua doce chamada e passaram, então, a amá-lo, segui-lo e imitá-lo. Esses homens e mulheres eram cristãos. Eram discípulos de Jesus Cristo.

Eles foram cativados por Jesus e por isso passaram a imitá-lo e também a desejar que outros o imitassem.

Nós somos fascinados por esses homens e, mesmo sem tê-los conhecido ou vivido em seu tempo, somos cativados por eles, porque vemos neles o encanto que sentem por Jesus, aquele que também nos cativou.

Antoine de Saint-Exupéry, em sua obra magistral *O Pequeno Príncipe*, ajuda-nos a entender a dinâmica do que é ser cativado. No capítulo XXI, vemos o conhecido diálogo do menino com a raposa. O menino chama a raposa para brincar com ele, mas ela diz que não pode aceitar, porque ainda não foi cativada. Então, o menino indaga da raposa o que é cativar, ao que ela responde que é "criar laços". E a raposa prossegue em sua explicação, dizendo:

> Tu não és ainda para mim senão um garoto igual a cem mil outros garotos. E eu não tenho necessidade de ti. E tu também não tens necessidade de mim. Não passo aos teus olhos de uma raposa igual a cem mil outras raposas. Mas, se tu me cativas, nós teremos necessidade um do outro. Serás para mim único no mundo. E eu serei para ti única no mundo.[1]

---

1 Antoine de Saint-Exupéry, *O Pequeno Príncipe*. Rio de Janeiro: Agir, 2009.

Nessa nossa viagem ao Reino Unido, além das aulas sobre os heróis da fé do passado, também dedicamos um tempo para fazer devocionais baseados no livro *O Peregrino*, de John Bunyan. Em um dos devocionais que Jonas dirigiu, ele falou sobre o valor da amizade entre Cristão e Fiel em sua jornada rumo à Cidade Celestial, e destacou como um foi essencial ao outro, ensinando um ao outro, nos bons e nos maus momentos de sua jornada. Ele ilustrou essa dinâmica de ser cativado por alguém e, assim, dedicar-se a essa pessoa através de outra história de amizade, aquela que encontramos em Frodo Baggins e Samwise Gamgee, da clássica obra de J. R. R. Tolkien, *O Senhor dos Anéis*. É disso que Jonas está falando neste livro. Ele fala sobre sermos cativados por um modelo que é Cristo e, por meio de Cristo, sermos cativantes aos outros. E ele transmite essa ideia no presente livro da seguinte maneira:

> Se sua escolha for pelo discipulado, é porque algo mais encantador que o espelho cativou sua alma. Por isso, o discipulado começa com a admiração por Cristo e se transforma na imitação diária de Cristo, a ponto de sermos admirados por outras pessoas, não, obviamente, por quem somos, mas por quem imitamos.

Jonas nos mostra que, de alguma maneira, é assim que se inicia o caminho do discipulado. Somos cativados por Cristo e queremos imitá-lo. Somos cativados por seguidores de Cristo e desejamos ser parecidos com eles. Olhamos para nossos heróis da fé do passado ou para nossos mentores, pastores e amigos de nosso próprio tempo e, ao vermos neles o coração pulsar pelo Senhor que nos cativou, sentimo-nos motivados a imitá-los. Mas ele vai adiante e diz que há dois sentidos no discipulado: "o discipulado como o ato de seguir Jesus e o discipulado como o ato de ajudar alguém a seguir Jesus". Com isso, ele nos desafia a sermos discipuladores e a darmos aos outros aquilo que nós temos recebido. Essa é a bela e arriscada mensagem desta pequena joia de sabedoria que Jonas lapidou para nós. Bela, porque, pelo discipulado, podemos ver mais da imagem de Cristo sendo formada no discípulo; e arriscada, porque, como disse Saint-Exupéry, "somos eternamente responsáveis por aquilo que cativamos".

São José dos Campos, SP, setembro de 2019
Tiago J. Santos Filho
Editor-Chefe, Editora Fiel; pastor,
Igreja Batista da Graça, São José dos Campos;
diretor e professor, Seminário Martin Bucer

INTRODUÇÃO

Há apenas um único nome no céu e na terra, somente um único caminho, somente um único modelo. Aquele que escolhe seguir após Cristo, escolhe o nome que está acima de todo nome, o modelo, que está elevado acima de todos os céus, mas contudo também tão humano que ele pode ser modelo para um ser humano para que seja nomeado e possa ser nomeado no céu e na terra, em ambos os lugares como o mais elevado de todos. Pois há modelos cujos nomes podem ser mencionados somente na terra, mas o mais elevado de todos, o único, tem de possuir esta característica exclusiva, pela qual, por sua vez, ele é reconhecido como sendo o único: por ser nomeado tanto no céu quanto na terra. Este nome é o nome de Nosso Senhor Jesus Cristo. Não é maravilhoso ousar escolher trilhar pelo mesmo caminho que ele andou?

Søren Kierkegaard[2]

"Siga o mestre." Você se lembra dessa brincadeira? A ideia era imitar uma criança até o fim do jogo.

---

2 Søren Kierkegaard, "O evangelho dos sofrimentos". In: *Discursos edificantes em diversos espíritos* —1847. São Paulo: LiberArs, 2018, p. 87.

Quem errava a imitação ficava, automaticamente, de fora. A criança que permanecesse por último venceria a partida e seria o próximo mestre a ser seguido. "Adivinhe quem é o mestre." Ah! Essa brincadeira também era muito divertida, lembra? Várias crianças reunidas escolhiam duas entre elas — uma para ser o mestre e outra para ser o detetive. A escolhida para ser o detetive tinha de sair da sala. Enquanto isso, outra criança era escolhida para ser o mestre. Feita a escolha, o mestre começava a fazer gestos que deveriam ser imitados pelas outras crianças. A essa altura, o detetive era convidado a entrar novamente na sala e se posicionar no centro do círculo. Sua missão era descobrir qual das crianças era o mestre, aquela que alternava discretamente gestos que deveriam ser imitados pelas demais crianças. O detetive tinha três chances para adivinhar. Se não conseguisse, o grupo revelaria a identidade do mestre e escolheria um novo mestre e um novo detetive para a rodada seguinte.

Eis o mais importante e mais excelente imperativo que alguém pode ouvir na vida: "Siga o mestre!". Não aquele mestre das brincadeiras de criança, mas o mestre dos céus e da terra. Aquele que é modelo no céu para os que estão no céu e, na terra, para os que estão na terra. Siga o mestre. Não um mero professor de teologia, inteligentíssimo no saber e, ao mesmo tempo, humilde o suficiente para ensinar. Siga o mestre. Não um mero mortal, mas o criador de tudo o que existe e que morreu dando sua vida pelos seus. Siga o mestre. Como? Ouvindo todas as palavras que foram ditas sobre ele por meio dos profetas e apóstolos. Siga o mestre. Não como você quer e imagina, mas como ele quer ser seguido. Siga o mestre, que não apenas fala à sua mente, mas também aos seus afetos, que observa cada momento de seu progresso espiritual rumo ao lugar que ele — e somente ele — pode preparar para seus seguidores. Siga o mestre. Mas como ele quer ser seguido?

Este pequeno livro foi escrito para pensar nessas coisas e encorajar as pessoas a também pensarem nessas mesmas coisas. Acredito que a conversão de nosso pensamento quase sempre influencia a conversão de nossos pés e mãos. Por isso, resolvi escrever este livro, na esperança de que as ideias aqui apresentadas possam gerar frutos na vida diária daqueles que, como eu, acreditam que ideias têm consequências. Na época em que comecei a escrever sobre essas ideias, estava passando uma temporada em Washington, D.C., nos Estados Unidos, por ocasião do *internship* com Mark Dever, na Capitol Hill Baptist Church. Em um de nossos encontros, Mark levantou muitas questões importantes quanto ao *discipulado* como o ato de ajudar pessoas a seguirem Jesus. Rapidamente, essa ideia se tornou uma legião de ideias e reflexões sobre o significado bíblico, teológico e filosófico de "discipulado".

A primeira vez que resolvi apresentar essas ideias, então mais amadurecidas, foi no formato de duas palestras entregues na conferência da Fiel, em 2016. O tema que dei a essas duas palestras tornou-se o título deste livro. A partir de Lucas 14.25-35, tracei a argumentação em torno da distinção entre dois sentidos de "discipulado": um como o ato de seguir Jesus; o outro como o ato de ajudar pessoas a seguirem Jesus. Ela é, contudo, uma distinção meramente teórica. No mundo real, esses sentidos não estão separados. Entretanto, quando entendemos essa distinção, podemos compreender melhor o significado da doutrina da imitação de Cristo, tão cara a teólogos como Tomás de Kempis, por exemplo.

Para apresentar essas ideias, boa parte do que considerei nas duas palestras encontra-se na primeira parte do livro, dedicada basicamente à reflexão sobre o custo do discipulado. Na segunda parte, aprofundei alguns desdobramentos das questões apresentadas na primeira parte e que trazem luz à doutrina do discipulado como imitação de Cristo. Se, na primeira parte, concentrei minha atenção na amplitude de significados bíblicos do custo do discipulado, na segunda parte, dediquei-me a expor, dos pontos de vista teológico e filosófico, as implicações do custo do discipulado, sobretudo diante do desafio de ajudar pessoas a seguirem Jesus.

Para essa tarefa, foram de grande valia os *insights* de René Girard sobre a doutrina da imitação. Nem de longe arranhamos todas as possíveis abordagens que a teoria mimética pode oferecer ao tratamento das questões referentes ao ato de discipular. Todavia, o que considerei da teoria de Girard, acredito ser mais do que suficiente para colocar uma pulga, se não um elefante, atrás de nossas orelhas. Esse elefante pode incomodar muita gente. Principalmente, aquelas pessoas que acreditam que discipulado é um método de crescimento exponencial da igreja ou um meio de engajar os membros de uma igreja em projetos imperiosos e que demandam muito trabalho voluntário. Mas eu penso que esse incômodo é, por si só, um santo incômodo, uma vez que visa recuperar o sentido de discipulado como uma imitação de Cristo não baseada em uma doutrina de especulação sobre as virtudes éticas de Cristo, mas na imitação de Cristo conforme a pregação apostólica. Que, a despeito das crises moral e teológica que assolam a mente e o coração dos seguidores de Cristo, haja entre nós seguidores que possam dizer a outras pessoas o que Paulo disse aos seus: "Sede meus imitadores, como também eu sou de Cristo"!

Aproxima-te de Jesus na vida e na morte; entrega-te à sua fidelidade, que só ele te pode socorrer, quando todos te faltarem. Teu amado é de tal natureza que não admite rival: ele só quer possuir teu coração e nele reinar como rei em seu trono. Se souberes desprender-te de toda criatura, Jesus acharia prazer em morar contigo. Quando confiares nos homens, fora de Jesus, verás que estás perdido.

— Tomás de Kempis, *Imitação de Cristo* (II,7)

PARTE 1

O CUSTO DO DISCIPULADO

E lhe disse: "Siga-me!".
Ele se levantou e o seguiu.
— Mateus 9.9

O CONCEITO DE "DISCIPULADO"

Em Mateus 28.19, Jesus disse: "Fazei discípulos". Trata-se de uma das poucas vezes que essa expressão aparece no Novo Testamento. Em contrapartida, a palavra "discípulo", tanto no singular como no plural, pode ser encontrada inúmeras vezes, especialmente nos evangelhos e em Atos.

Em verdade, os termos *discípulo* e *discipulado* foram tão profundamente associados ao ministério de Jesus que, como observa Edward L. Smither, para os primeiros cristãos, o termo "discípulo" tornou-se, basicamente, sinônimo de "cristão".[3] Ser cristão, portanto, é ser discípulo de Cristo. Todavia, Jesus não somente fez discípulos, como também os encorajou a fazer outros discípulos, não tomando a si mesmos e suas ideias

---

3 Edward L. Smither, *Agostinho como mentor*: um modelo para preparação de líderes. São Paulo: Hagnos, 2012, p. 14.

como modelo, mas, pelo contrário, espelhando-se em Jesus e em suas ideias, ou seja, imitando a Cristo.

Em geral, no contexto cristão, a palavra "discipulado" tem dois sentidos. Um refere-se ao *ato de seguir Jesus* (imitar Cristo); o outro, ao *ato de ajudar alguém a seguir Jesus* (ajudar outros na imitação de Cristo). Em português, como em qualquer outra língua, o uso de uma mesma palavra para designar coisas distintas é chamado de "homonímia". Por exemplo, a palavra "manga" é um caso de homonímia. "Manga" pode significar tanto a fruta como uma parte da camisa. Algo semelhante ocorre com a palavra "discipulado". A única peculiaridade é que as duas coisas distintas e que são chamadas de "discipulado" podem ser facilmente confundidas, pois estão intimamente relacionadas. Isso já não acontece com a palavra "manga", que significa duas coisas absolutamente distintas e não relacionadas. Ninguém, em sã consciência, confundiria uma fruta com uma peça de roupa, mas qualquer pessoa facilmente confundiria o ato de seguir Jesus com o ato de ajudar alguém a seguir Jesus. A razão disso está na relação que os dois atos têm entre si. Enquanto a fruta "manga" *não pressupõe* a "manga" de uma camisa, o ato de ajudar pessoas a seguirem Jesus *pressupõe* o ato de seguir Jesus.

Para exemplificar o duplo sentido de "discipulado", existem dois livros em português que têm "discipulado" no título e que demonstram o que acabei de dizer.

Um é *Discipulado*, de Dietrich Bonhoeffer;[4] o outro é *Discipulado*, de Mark Dever.[5] Enquanto Bonhoeffer escreveu sobre discipulado como o *ato de seguir Jesus*, Mark Dever escreveu sobre discipulado como o *ato de ajudar pessoas a seguirem Jesus*. Como se vê, os dois livros exemplificam muito bem o tipo de homonímia a que estou me referindo, pois, pelo menos em português, tanto o ato de seguir Jesus como o ato de ajudar alguém a seguir Jesus são chamados de "discipulado".

Contudo, para complicar ainda mais a situação, há uma relação entre os dois sentidos de discipulado. Ou seja, um pressupõe o outro: o ato de ajudar alguém a seguir Jesus pressupõe o ato de seguir Jesus. Isso quer dizer que quem não segue Jesus não pode ajudar pessoas a seguirem Jesus. Como o tema deste livro não é o discipulado propriamente dito, mas o custo do discipulado, então convém perguntar se o tema do custo se

---

4 Dietrich Bonhoeffer, *Discipulado*. São Leopoldo: Sinodal, 2017. Uma curiosidade: em alemão, o termo "discipulado" não é uma homonímia. Portanto, existem duas palavras para designar o que, em português, chamamos de discipulado: *Nachfolge* (palavra cunhada por Lutero para designar exclusivamente o *ato de seguir Jesus*) e *Jüngerschaft* (palavra que designa o *ato de ajudar pessoas a seguirem Jesus*). Dietrich Bonhoeffer deu ao seu livro o título de *Nachfolge*, que, por sua vez, foi traduzido para o português como *Discipulado*. Qual é o problema com isso? Muitos adquirem o livro de Bonhoeffer e acreditam, com base no título, que encontrarão uma orientação sobre "como ajudar pessoas a seguirem Jesus" (*Jüngerschaft*), mas, ao lerem, descobrem que seu objetivo foi esclarecer apenas "o que significa seguir Jesus" (*Nachfolge*). Em outras palavras, Bonhoeffer não escreveu seu livro para orientar pessoas a ajudarem outras pessoas a seguirem Jesus. Pelo contrário, sua intenção foi apenas esclarecer o significado de "seguir Jesus".
5 Mark Dever, *Discipulado*. São Paulo: Vida Nova, 2016.

aplica a ambos os sentidos ou apenas a um deles. Antes de começar a responder a essa pergunta, é necessário esclarecer o conceito de "custo".

O CONCEITO DE "CUSTO"

Quando falamos de "custo", referimo-nos à capacidade que temos de calcular perdas e ganhos com vistas a uma tomada de decisão. Entendo por "decisão" toda e qualquer situação em que, não importa qual seja a escolha, haverá perdas e ganhos. Nesse caso, calcular o custo é tomar consciência do que vamos perder e ganhar em determinada decisão.

No fundo, as pessoas calculam custos o tempo todo, pois sempre estão decidindo. Isso é assim até mesmo quando não decidem. Afinal, "não decidir" também é uma decisão e, como toda decisão, há perdas e ganhos envolvidos. As pessoas fazem cálculos de custo o tempo todo, seja para decidirem o que comprar no mercado no final do mês, seja para escolher qual a melhor viagem de férias com a família, ou o melhor momento para fazer um MBA, ou o melhor lugar para estacionar o carro e assim por diante. Mas os cálculos de custo não param por aqui. Por exemplo, ao escolhermos uma faculdade, não apenas calculamos nossos futuros gastos financeiros, como também o tempo que dedicaremos a frequentar uma universidade. Acreditamos que, apesar do tempo e do dinheiro "perdidos", há algo valioso que ganharemos e que justificará todo esse investimento.

Entretanto, o cálculo de custo não diz respeito apenas aos dilemas da vida material. Ele também diz respeito aos dilemas da vida espiritual. Em seu célebre *Pensamentos*, Blaise Pascal, filósofo e matemático francês, apresentou um interessante argumento acerca de cálculo de custo, conhecido como *Aposta de Pascal*.[6] O argumento é aparentemente simples de entender. Considere o seguinte: "se você apostar em X e acertar, ganhará tudo; se apostar em Y e errar, não ganhará nada nem perderá nada". Ora, trata-se de uma aposta entre ganhar tudo com X ou não ganhar nem perder nada com Y. Em qual das opções seria mais racional apostar? Por que escolher Y se só temos a ganhar com X?

Vejamos essa questão a partir de um exemplo mais concreto. Imagine uma discussão entre um cristão e um materialista filosófico, ou seja, um ateu. De um lado, está o cristão, que defende a existência de vida após a morte e, por isso, acredita que aquele que morrer sem crer em Jesus será condenado ao inferno. De outro lado, está o ateu, que diz que não existe vida após a morte e, por isso, a condenação ao inferno não faz sentido. Nesse caso, diria Pascal, o cristão deveria perguntar ao ateu se ele calculou o custo de sua decisão espiritual. Por quê?

---

6 Cf. Blaise Pascal, *Pensamentos*. São Paulo: Martins Fontes, 2001, p. 158-163 [Laf. 418/Bru. 233].

Ora, se o ateu tiver razão, então não haverá vida eterna, tampouco condenação. Tanto o cristão como o ateu entrarão em um estado de decomposição após a morte e ponto-final. Observe que, nesse cenário, tanto o cristão como o ateu não ganham nem perdem nada depois da morte. Entretanto, se o cristão tiver razão, crer em Jesus Cristo e na vida eterna fará toda a diferença. Ou seja, se o cristão tiver razão, haverá um ganho para o cristão e um prejuízo irreparável para o ateu. Levando em conta esses dois cenários, o ateu estaria fazendo uma escolha arriscada e calculando mal o custo de sua decisão. Em suma, de acordo com os cálculos de custo, o cristão faz uma escolha mais prudente que a do ateu. Ora, a despeito de ser mais prudente, a decisão de seguir Jesus inevitavelmente implica um custo.

O CUSTO DE "SEGUIR JESUS"

O discipulado como ato de seguir Jesus é uma decisão. Portanto, tem um custo. E qual é esse custo? Em Lucas 14.25-35, Jesus responde a essa pergunta.[7]

> [25] Uma grande multidão o acompanhava; e ele, voltando-se na direção dela, disse: [26] Se alguém vier a mim, e amar pai e mãe, mulher e filhos, irmãos e irmãs, e até a própria vida mais do que a mim,

---

[7] Cf. Darrell L. Bock, *Luke 9:51-24:53*. Grand Rapids, Michigan: Baker Academic, 1996, p. 1.280-93. De longe, essa foi a referência exegética que mais me influenciou na interpretação da referida passagem de Lucas.

não pode ser meu discípulo. ²⁷ Quem não leva a sua cruz e não me segue não pode ser meu discípulo. ²⁸ Pois qual de vós, querendo construir uma torre, não se senta primeiro para calcular as despesas, para ver se tem como acabá-la? ²⁹ Para não acontecer que, depois de haver posto os alicerces, e não a podendo acabar, todos os que a virem comecem a zombar dele, ³⁰ dizendo: Este homem começou uma construção e não conseguiu terminá-la. ³¹ Ou qual é o rei que, antes de entrar em guerra contra outro rei, não se senta primeiro para consultar se com dez mil pode ir de encontro ao que vem contra ele com vinte mil? ³² Mas, pelo contrário, enquanto o outro ainda está longe, manda emissários e pede condições de paz. ³³ Assim, todo aquele dentre vós que não renuncia a tudo quanto possui não pode ser meu discípulo. ³⁴ O sal é bom; mas, se ele se tornar insípido, com que se há de restaurar-lhe o sabor? ³⁵ Não serve nem para a terra, nem para adubo, mas é jogado fora. Quem tem ouvidos para ouvir, ouça.

Com base nesse texto, o ato de seguir Jesus pressupõe três demandas:

(1) um certo tipo de amor;
(2) um certo tipo de sofrimento;
(3) um certo tipo de desapego.

No discipulado, essas três demandas não podem ser preteridas. Isso significa que a ausência de uma delas desqualifica o discipulado. Para justificar o que acabei de dizer, observe detidamente as três demandas presentes, de forma clara, no discurso de Jesus:

> Se alguém vier a mim, e amar pai e mãe, mulher e filhos, irmãos e irmãs, e até a própria vida mais do que a mim, *não pode ser meu discípulo* (v. 26).

> Quem não leva a sua cruz e não me segue *não pode ser meu discípulo* (v. 27).

> Assim, todo aquele dentre vós que não renuncia a tudo quanto possui *não pode ser meu discípulo* (v. 33).

Em todos esses versículos, os motivos que impedem o discipulado ou o ato de seguir Jesus estão explícitos. A chave para encontrar esses motivos está na conclusão dos versículos: "não pode ser meu discípulo". Quem não pode ser discípulo? Todo aquele que prescindir de qualquer uma das três demandas indicadas por Jesus. Mas, antes de considerar mais detidamente essas demandas, faz-se necessário tecer uma breve explicação sobre aqueles que primeiro receberam o ensino de Jesus: a "grande multidão".

DISCIPULADO E ANONIMATO

John P. Meier, padre e teólogo católico, autor de *Um judeu marginal*, uma pesquisa monumental sobre a historicidade de Jesus, classificou os seguidores de Jesus em três círculos concêntricos: (1) o círculo externo, referente às multidões que o seguiam no sentido físico; (2) o círculo intermediário, referente aos discípulos chamados por Jesus para segui-lo tanto no sentido físico como no espiritual; e (3) o círculo dos Doze (um grupo especial de 12 homens que não apenas eram discípulos de Jesus, como também formavam um círculo íntimo em torno dele):

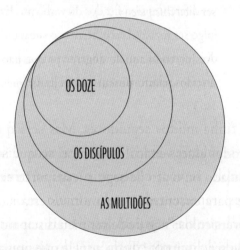

De acordo com Meier, os seguidores de Jesus constituíram-se a partir de grupos muito diferentes, desde discípulos comprometidos, passando por "ouvintes moderadamente simpáticos", até multidões apenas curiosas. Em suas palavras, que termo abrangente podemos usar para tratar de toda essa gente? Quase automaticamente nos inclinamos a falar de forma vaga dos "seguidores" de Jesus [...] Em diversas passagens dos Evangelhos, o verbo "seguir" pode significar mero movimento físico (Mc 14.13; Jo 11.31), movimento físico de aproximação a Jesus, equivalente a pseudodiscipulado (Mc 14.54), movimento físico exprimindo adesão íntima a Jesus (Mc 1.18; 2.14; Mt 8.19-22; Jo 1.43) e, em casos relativamente raros, adesão íntima sem qualquer movimento físico (Jo 8.12). Em vista desses diferentes significados do verbo nos Evangelhos, julgo ser razoável escolhermos o substantivo "seguidor" como termo abrangente para cobrir todos os diversos relacionamentos com Jesus.[8]

Jesus tinha muitos seguidores. Mas será que todos os seus seguidores eram realmente seus discípulos? Por exemplo, se você observar o comportamento das multidões, representadas pelo círculo mais externo, descobrirá que elas seguiam Jesus mais por interesse e curiosidade do que por consciência do discipulado e do custo envolvido. Todavia, só é possível avaliar o custo do discipulado quando o seguidor está, de fato, consciente das demandas do discipulado. A curiosidade

---

8 John P. Meier, *Um judeu marginal*: repensando o Jesus histórico. Rio de Janeiro: Imago, 2003, p. 31-2 [III,1].

pode até despertar interesse pelo discipulado, mas não é suficiente para constituí-lo. Se o seguidor não é consciente das demandas do discipulado, então não é capaz de avaliar adequadamente seu custo. Por conseguinte, o seguidor terá dificuldade em seguir Jesus consciente do verdadeiro significado do discipulado. A necessidade da consciência do custo do discipulado é a razão da exortação de Jesus, obviamente direcionada não aos Doze, mas à grande multidão que o seguia. Pelo menos, isso é o que podemos depreender de Lucas 14.25: "Uma grande multidão o acompanhava".

Eis o cenário: "uma grande multidão está seguindo Jesus". Mas o que é uma "grande multidão"? Uma grande multidão é como uma pessoa sem rosto, sem nome. Trata-se de uma espécie de "zona cinzenta", aparentemente "neutra", "indefinida", "isenta de responsabilidades" com relação a Jesus e ao seu ensino. Contudo, Jesus estava realmente preocupado com a "massa cinzenta" que o seguia. Prova disso é a sua denúncia da falta de consciência da multidão acerca do que realmente significava segui-lo.

A "grande multidão" é o exemplo mais escandaloso de que é possível seguir Jesus sem compromisso, ou seja, sem levar em consideração o custo do discipulado. Por outro lado, é óbvio que Jesus não estava interessado nas multidões como hoje um *youtuber* está interessado nos zilhões de seguidores de seu canal e de suas redes sociais. A procura de Jesus era por "comprometimento", e não meramente por números. Sua busca maior sempre foi por discípulos comprometidos com ele e com seu ensino, discípulos capazes de segui-lo e conscientes do custo dessa decisão. Por isso, Jesus fez uma exortação àquela multidão sobre a necessidade da consciência do custo do discipulado.

Ora, a manutenção do anonimato é o que faz de qualquer multidão um lugar confortável para aqueles que desejam seguir Jesus sem compromisso. Isso vale tanto para as multidões dos tempos de Jesus como para as multidões de nossos dias. Naquele tempo — e também hoje —, associar-se a Jesus significava enfrentar uma reação quase sempre negativa, e que frequentemente começava em casa, na família, e poderia facilmente tornar-se uma oposição sistemática dos líderes religiosos, como os fariseus e escribas, por exemplo. Por isso, muitos evitavam identificar-se com Jesus e com seu ensino, pois poderiam ser rejeitados por seus próprios familiares e pela comunidade religiosa. Entretanto, para seguir Jesus, de acordo com os termos que ele estabelecera, era necessário sair do anonimato. Era preciso comprometer-se publicamente. Em outras palavras, não dava para seguir Jesus sem mostrar o rosto, sem assumir, diante de todos, seu compromisso com ele. Portanto, para seguir Jesus, é preciso sair das sombras, das trevas.

Para sair das multidões e tornar-se discípulo de Jesus, é necessário atender a três demandas. No versículo

26, Jesus apresenta a primeira delas com a condicional "Se alguém vem a mim". Essa condicional deve ser pressuposta também nas outras duas demandas (vv. 27 e 33). Por exemplo:

(1) *Se alguém vem a mim* e não apresenta esse amor, então não pode ser meu discípulo;

(2) *Se alguém vem a mim* e não apresenta esse sofrimento, então não pode ser meu discípulo;

(3) *Se alguém vem a mim* e não apresenta esse desapego, então não pode ser meu discípulo.

Isso significa que seguir Jesus não era apenas embrenhar-se no meio de uma turba que o seguia. A verdadeira igreja não é uma multidão que simplesmente segue Jesus, mas a reunião de todos aqueles que seguem Jesus *nos termos de Jesus*, ou seja, é a assembleia daqueles que se recusam a seguir Jesus do próprio jeito, meramente como curiosos, retendo apenas o que lhes agrada e descartando tudo mais. Em suma, trata-se da reunião daqueles que seguem Jesus como Jesus quer ser seguido.

Na "grande multidão", estavam aqueles que queriam seguir Jesus segundo seus próprios termos — trata-se de nossa terrível mania de querer "ressignificar" conceitos que ofendem nosso amor-próprio. Ressignificamos com a finalidade única de favorecer objetivos pessoais. Mas, então, Jesus colocou o machado na raiz do problema. Agora ele está confrontando aqueles que se escondem na nebulosidade da multidão, dizendo a eles que, se quiserem segui-lo de verdade, será necessário que saiam das sombras e o sigam segundo os termos que ele estabeleceu, e não segundo os termos que estabeleceram *por si e para si mesmos*. Assim, para seguir Jesus, é necessário evidenciar certo tipo de amor, um amor que requer a negação de si mesmo.

1. O custo do amor

A primeira demanda do discipulado é o amor. Não o amor em geral, mas um amor específico. Em geral, os filósofos concordam que o que determina o tipo de amor que vivenciamos é o objeto que amamos. Por exemplo, quando amo um time de futebol, como o Palmeiras, por exemplo, eu jamais poderia amá-lo da mesma forma que amo minha esposa, meus filhos, um animalzinho de estimação e assim por diante. Para objetos distintos, existem amores distintos.

O mesmo vale com relação a Deus. Por exemplo, Agostinho de Hipona, em *Confissões*, Livro X, afirma: "Senhor, minha consciência não duvida, antes tem a certeza de que te amo. Feriste-me o coração com Tua Palavra, desde então te amei. Mas o que amo quando te amo?".[9] A pergunta de Agostinho é crucial porque podemos amar determinadas coisas como se elas fossem o que de fato não são. É possível amar de maneira equivocada. Por exemplo, um náufrago numa ilha deserta poderia encontrar, entre os destroços do avião, uma bola de vôlei, chamá-la de "Wilson" e, em seguida, passar a amá-la como se fosse uma pessoa, um amigo de longa data. As pessoas podem amar a Deus como se ele fosse de barro ou de metal, ou como mais uma pessoa importante que disputa nossa atenção em relação às outras. Quando isso acontece — de alguém amar a Deus como se ele fosse meramente mais uma coisa entre outras ou mais uma pessoa entre outras —, Deus não está sendo priorizado. Ele é apenas mais um item na agenda.

E o que tudo isso tem a ver com discipulado? O ponto é que o discipulado exige que amemos a Jesus como Deus, e não apenas como uma pessoa qualquer. Ele certamente é uma pessoa, mas, por ser também Deus, deve ser mais amado do que qualquer outra pessoa neste mundo. Sem dúvida, ele é homem, mas, porque também é Deus, deve ser o homem mais amado entre todos, mais amado do que qualquer coisa que exista neste mundo, que ele mesmo criou (Jo 1.1-14; Cl 1.15-20). Jesus sempre tem a primazia. Como diz Tomás de Kempis: "Jesus quer ser amado acima de tudo [...] ele

---

9 Agostinho de Hipona, *Confissões*. São Paulo: Abril Cultural, 1973, p. 198 [X,6,8].

não admite rival" (*Imitação de Cristo*, II,7). Nosso pecado é não reconhecer sua primazia e suas implicações para a vida.

Dito isso, voltemos à afirmação de Jesus, no versículo 26:

> Se alguém vem a mim e ama o seu pai, sua mãe, sua mulher, seus filhos, seus irmãos e irmãs, e até sua própria vida mais do que a mim, não pode ser meu discípulo.

O verdadeiro discípulo ama Jesus como Deus, ou seja, acima da família e de sua própria vida. Só Deus deve ser amado mais do que amamos nossa família e a nós mesmos. Imagine você que muitos daqueles que seguiam Jesus anonimamente, no meio daquela grande multidão, estavam hesitando em ter tal comprometimento com Jesus e com seu ensino porque estavam sob constante ameaça de sua própria família. Imagine que muitos deles poderiam ter ouvido de seus pais, de seus cônjuges ou até mesmo de toda a família o seguinte: "Você precisa decidir entre continuar seguindo Jesus ou viver nesta casa. Se você optar pelo Nazareno, será banido de uma vez por todas dessa família e passaremos a te tratar como inimigo". Ora, isso não é muito diferente do que acontece hoje em alguns países de maioria islâmica, onde aqueles que se tornam cristãos são banidos de suas famílias, perseguidos por causa de sua fé e, por vezes, até martirizados. Recentemente, conheci Mehdi, um marroquino que decidiu pelo custo do discipulado. Ele escreveu um livro que conta a história de como ele abandonou o islamismo e se rendeu ao Senhor Jesus:

> Eu tive de pagar um alto preço por causa da minha conversão [...] Para algumas pessoas, eu era um sujo que negou a religião verdadeira e a vendeu; para outras, eu havia ficado louco ou sofrido lavagem cerebral. Tudo isso refletia no modo como viam meus pais e meus irmãos. Era uma grande vergonha para eles. Hoje, vivo refugiado em outro país por causa do Evangelho. Não vejo minha família há muitos anos. Perdi duas irmãs e não consegui voltar ao meu país. Tive o passaporte cancelado em Marrocos por ter me convertido. Não posso mais voltar por causa da minha fé. Perdi amigos, emprego, casa, bens materiais, mas ganhei muito mais. Ganhei Jesus Cristo como Salvador da minha vida. O que você pagou por causa de Cristo? Quanto Jesus vale para você?[10]

Afinal, o que faz com que verdadeiros discípulos decidam por Jesus, a despeito da reação negativa de suas famílias? Um certo tipo de amor. Um tipo

---

10 Irmão Mehdi, *Agora vejo*: a história de um ex-mulçumano que se rendeu ao Senhor Jesus. Porto Alegre: Chamada, 2018, p. 44.

de amor que só pode existir quando percebemos que estamos diante de um Deus soberano, criador e mediador de tudo o que existe, o centro de todas as coisas. Esse tipo de amor é o amor que caracteriza o discipulado de Cristo. No entanto, é preciso dizer que Jesus não estava exigindo que seus discípulos odiassem suas famílias.[11] Pelo contrário. Nossas famílias devem ser amadas como o que elas verdadeiramente são: famílias. Quando amamos nossa família mais do que a Deus, nossa família não é amada como deveria ser. Na verdade, quando isso acontece, ela é amada no lugar de Deus. Ela se torna um ídolo que controla toda a nossa vida e agenda. Portanto, o discipulado requer que Cristo seja o centro, e isso terá um custo principalmente se nossa família, nossos bens ou nós mesmos ocuparem a centralidade de nosso coração.

2. O custo do sofrimento

A segunda demanda que serve como critério para avaliarmos o custo de seguir Jesus é a demanda de certo tipo de sofrimento. A passagem do Evangelho de Lucas que estamos analisando reflete a mais terrível realidade que acompanha o ato de seguir Jesus: a oposição. Desde o início do Evangelho, Lucas parece chamar a atenção

---

11 O uso da expressão οὐ μισεῖ [*ou misei*, lit. "não odiar"] é retórico e não deve ser entendido de forma literal. Digo isso apenas porque, em algumas traduções, especialmente as mais literais, o versículo pode sugerir uma interpretação equivocada da confrontação de Jesus.

de seus leitores para o fato de que Jesus está, durante todo o tempo, ensinando e enfrentando oposições ao seu ensino. Essas oposições vêm de todos os lados: das multidões, dos publicanos, dos soldados, de Herodes, dos religiosos e até mesmo dos demônios. O interessante é que Lucas faz questão de explicitar ao seu leitor que o próprio Jesus estava consciente da dinâmica dessa oposição, porém, mesmo assim, continuou ensinando. Isso está bastante evidente no discurso de Jesus após a declaração de Pedro, em Lucas 9.22-25:

> E disse: "É necessário que o Filho do homem sofra muitas coisas e seja rejeitado pelos líderes religiosos, pelos chefes dos sacerdotes e pelos mestres da lei, seja morto e ressuscite no terceiro dia". Jesus dizia a todos: "Se alguém quiser acompanhar-me, negue-se a si mesmo, tome diariamente a sua cruz e siga-me. Pois quem quiser salvar a sua vida a perderá; mas quem perder a vida por minha causa, este a salvará. Pois que adianta ao homem ganhar o mundo inteiro, e perder-se ou destruir a si mesmo?"

Como podemos notar, Lucas quer que seu leitor entenda que não apenas Jesus estava consciente da oposição ao seu ensino, mas também que todo aquele que quisesse seguir Jesus precisaria também estar consciente dos sofrimentos decorrentes desse comprometimento. Portanto, não é qualquer sofrimento, mas os sofrimentos que decorrem do fato de seguir Jesus. Vejamos o versículo 27:

> E aquele que não carrega sua cruz e não me segue não pode ser meu discípulo.

Qual era o significado de "carregar sua cruz" para os primeiros discípulos que ainda não haviam visto Jesus carregar a cruz até o lugar onde ele seria crucificado? Para eles, a cruz era símbolo de rejeição e humilhação.[12] O sujeito que carregava uma cruz tinha sido banido da sociedade, porque era considerado uma ameaça para todos. Ele deveria ser eliminado, mas não sem antes passar por um doloroso processo de humilhação e sofrimento. "Carregar sua cruz" revela que o discipulado de Jesus implica a convivência em um mundo hostil ao evangelho, em uma cultura que rejeita seus ensinamentos e, por conseguinte, seus discípulos. Por isso, para evitar o enfrentamento dessa rejeição natural ao discipulado de Jesus, podemos ressignificar a cruz, minimizar o poder confrontador do evangelho, maquiar a Bíblia e nossas igrejas locais, para que um pseudocristianismo seja aceito pela cultura, para que sejamos recebidos nas diversas esferas da sociedade, sem "cara feia", sem sermos tachados de fanáticos, fundamentalistas e, por que não, de loucos. Quando

---

12 Sobre a crucificação em geral, vale muito a pena o riquíssimo ensaio de Martin Hengel, *Crucifixion*. Filadélfia: Fortress Press, 1977.

desprezamos a demanda do sofrimento inerente ao discipulado, forjamos uma cruz para nós mesmos. Uma cruz que seja do nosso jeito, com as medidas que julgamos aceitáveis. Medidas que não nos custem nada e que, de preferência, não ofendam a ninguém. Porém, uma cruz assim, que carregamos segundo nossos termos, não nos humilha o suficiente. A cruz que devemos carregar é aquela segundo os termos de Jesus e por causa de Jesus. Somente ela nos humilha o suficiente para nos salvar do amor-próprio. Nas palavras de Lutero:

> Eis o caminho da cruz: tu não o podes achar; eu tenho que guiar-te como a um cego. Por isso, nem tu, nem ser humano, nem criatura, mas eu, eu em pessoa, te ensinarei, através do meu Espírito e Palavra, o caminho que deves trilhar. Não a obra que tu escolhes, não o sofrimento que tu imaginas, mas sim o caminho e o sofrimento que te é preparado contra a tua escolha, contra teu pensamento e desejo... A esse segue, a esse te chamo, nele sê discípulo; é tempo oportuno, teu mestre chegou.[13]

Dito de outra maneira, para saber se o sofrimento pelo qual estamos passando é a nossa cruz, deveríamos nos perguntar se esse sofrimento decorre do fato de seguirmos Jesus. Nem todo sofrimento evidencia o verdadeiro

---
13 Martinho Lutero, "Os sete salmos de penitência", em: *Obras selecionadas*: interpretação bíblica e princípios. São Leopoldo, RS: Sinodal, 2003, v. 8, p. 507.

discipulado. Somente o sofrimento que é fruto da obediência a Jesus pode comprovar que somos autênticos seguidores de Jesus. Mais uma vez: não é o caminho que queremos trilhar, nem o sofrimento que julgamos capazes de suportar, mas o caminho e o sofrimento que nos foram preparados contra nossa escolha, contra nossa mania de onipotência, ou seja, contra nosso costume de querer sempre dar as cartas do jogo.

Não é Cristo que deve envolver-se em nossos projetos pessoais. Não é ele que tem de sacrificar seus desejos para se engajar em nossos empreendimentos. É o contrário. Nós é que devemos nos engajar nos planos que Jesus tem para sua igreja. Nós é que temos de sofrer ao sacrificarmos nossas agendas em favor da agenda divina. Essa é a segunda demanda, e ela nos ensina que o custo de seguir Jesus envolve humilhação e sujeição a Deus. Como diz Tomás de Kempis, "Anda por onde quiseres: não acharás descanso senão na humilde sujeição e obediência" (*Imitação de Cristo*, I,9).

Antes de concluir seu raciocínio com a terceira demanda, Jesus oferece duas importantes parábolas sobre a necessidade de avaliarmos o custo do discipulado: as parábolas do construtor e do rei.

i. O tolo construtor

A primeira parábola trata do projeto de construção de uma torre. Nas palavras de Jesus,

> Qual de vocês, se quiser construir uma torre, primeiro não se assenta e calcula o preço, para ver se tem dinheiro suficiente para completá-la? Pois, se lançar o alicerce e não for capaz de terminá-la, todos os que a virem rirão dele, dizendo: "Este homem começou a construir e não foi capaz de terminar".

Observe que a parábola trata da importância de avaliar os custos da construção de uma torre antes de iniciar a construção. Antes de começar a construir a torre, o sábio calcula os gastos que terá. Somente o tolo começa a construir sem avaliar se terá dinheiro suficiente. Ele simplesmente fica entusiasmado com o projeto e se põe a construir a torre, mesmo sem avaliar os custos.

Resumo da ópera: o dinheiro do tolo acaba antes mesmo de terminar a obra e seu empreendimento fica como um projeto inacabado, um monumento que celebra seu breve entusiasmo e sua imensa tolice. Já o sábio é capaz de pensar antes de decidir. Em outras palavras, o que Jesus está dizendo é que a decisão sábia de segui-lo envolve reflexão, e não apenas entusiasmo. Será que, em nome do crescimento numérico, temos contribuído para que, em nossas igrejas, haja mais pessoas entusiasmadas com Cristo do que autênticos discípulos de Jesus? Parece que sim. Entretanto, o que deve estar claro, a esta altura do campeonato, é que "seguir Jesus" não é o mesmo que, para usar os termos de Darrell Bock, "um convite para todo mundo participar de um churrasco coletivo".[14] Trata-se, antes, de uma decisão importante na vida. Não é a simples decisão de mudar de grupo ou de time. É sujeitar-se a Jesus, ao seu senhorio, à sua Palavra, ao seu ensino. Discipulado é submeter-se a Cristo e não mais viver como se todas as coisas orbitassem ao nosso redor. Discipulado é autoesquecimento.[15]

ii. O rei prudente

A segunda parábola trata da sabedoria de um rei diante dos custos de uma batalha. Nas palavras de Jesus:

> Ou, qual é o rei que, pretendendo sair à guerra contra outro rei, primeiro não se assenta e pensa se com dez mil homens é capaz de enfrentar aquele que vem contra ele com vinte mil? Se não for capaz, enviará uma delegação, enquanto o outro ainda está longe, e pedirá um acordo de paz.

Nessa passagem, Jesus apresenta outro exemplo da importância de se examinar uma situação antes de se tomar uma decisão. A mudança com relação à primeira parábola revela-se no tipo de projeto. Enquanto o projeto do construtor é pessoal, o projeto do rei é político e pressupõe um contexto de conflito. Na primeira

---

14 Darrell L. Bock, *Luke 9:51–24:53*, p. 1287-8.
15 Cf. Timothy Keller, *Ego transformado*. São Paulo: Vida Nova, 2014.

parábola, o acento está na tolice do construtor, que não faz o cálculo dos custos e passa vergonha diante de sua torre inacabada. Na segunda parábola, o acento está na sabedoria do rei, que, depois de calcular os custos da batalha, percebendo que não venceria a guerra, resolveu fazer um acordo de paz com o outro rei. Afinal, é melhor render-se e permanecer vivo do que não se render e morrer no campo de batalha. A sabedoria do rei está em refletir sobre o que é mais importante. Em ambos os casos, o rei perderia algo: ou a vida ou o domínio. Ele decidiu perder o domínio porque considerava a vida mais importante do que o poder de governar. Será que o discipulado com Jesus não é assim? Uma decisão em que nos rendemos, nos submetemos e desistimos de nossa vontade de poder, em prol de algo muito mais valioso? O discipulado não é tanto sobre como ganhar, mas sobre como perder.

3. O custo do desapego

A terceira demanda desfere o último golpe. Trata-se de um golpe fatal em nossa dependência de todas as coisas que criam em nós um vínculo de pertencimento ao mundo. Os vínculos com as coisas que possuímos são potencialmente a razão pela qual muitos são incapazes de seguir Jesus. O objetivo do discipulado é nos conduzir para o reino de Cristo, transformando-nos em peregrinos neste mundo, libertando-nos da crença de que somos o que possuímos e que temos o domínio sobre nossa família, nossas coisas e até sobre nós mesmos.

Por essa razão, o discipulado é um movimento que deve começar com rendição e submissão a Jesus e sua Palavra. Os discípulos de Jesus são como plantas que foram removidas com raízes de sua *cultura egocêntrica* e que, em seguida, foram transplantadas para a *cultura cristocêntrica* do reino de Deus:

> Pois ele nos resgatou do domínio das trevas e nos transportou para o Reino do seu filho amado, em quem temos a redenção, a saber, o perdão dos pecados. Ele é a imagem do Deus invisível, o primogênito de toda a criação, pois nele foram criadas todas as coisas nos céus e na terra, as visíveis e as invisíveis, sejam tronos ou soberanias, poderes ou autoridades; todas as coisas foram criadas por ele e para ele. Ele é antes de todas as coisas e nele tudo subsiste. Ele é a cabeça do corpo, que é a igreja; é o princípio e o primogênito dentre os mortos, para que em tudo tenha a supremacia. (Cl 1.13-18.)

Jesus tem a supremacia. Ele é o rei a quem devemos nos render e perder nele todos os vínculos que nos fazem acreditar que somos senhores de nós mesmos e de tudo à nossa volta. Nas palavras de Jesus, em Lucas 14.33:

> Da mesma forma, qualquer de vocês que não renunciar a tudo o que possui não pode ser meu discípulo.

Como é difícil renunciar a algo que acreditamos possuir. Mas não deveria ser assim. No final das contas, as coisas que dizemos possuir não nos pertencem. Neste mundo, todas as posses são mera ilusão. Não possuímos nada daquilo que dizemos possuir. Tudo é dádiva. Tudo que temos vem dele e é para ele. Essa é a grande diferença entre um cristão e um materialista filosófico. No final do dia, ao ver o pôr do sol, o ateu não tem a quem agradecer. Sua vida gira em torno de uma mentira. A mentira que o leva a acreditar que ele tem o que diz que tem. Mas e se ele perder tudo o que diz que tem? O que o manteria vivo? Pense nisto: e se você perder tudo o que acha que possui? O que será de você sem sua família e seus bens? Imagine que você não possua mais nenhum tostão. Não tenha mais herança, patrimônio, nem imóveis — imagine que você não tenha mais nada disso. Tudo o que lhe restou é Jesus apenas. Você acha que, mesmo assim, conseguiria viver feliz? As respostas que dermos a essas perguntas sinalizarão se estamos seguindo Jesus ou se estamos perdidos no meio de uma multidão que segue e observa Jesus sem, contudo, se comprometer com ele (Lc 23.27 e 35).

Observe o que Tomás de Kempis diz: "Procura a Jesus em todas as coisas, e Jesus acharás. Se te buscas a ti mesmo, também te acharás, mas para a tua ruína" (*Imitação de Cristo*, II,7). Em Cristo, nossa identidade e personalidade são redimidas. E isso tem muito a ver com nossos desejos, com o que realmente amamos. Somos o que desejamos. Somos o que amamos. O apego que temos pelas coisas que nos custam a vida, digamos assim, é o que nos define (Sl 115.8). Por isso, nossa verdadeira identidade aguarda pelo desapego de tudo o que nos deforma. E, por mais que as coisas que amamos sejam maravilhosas, se nossa vida depender delas, então nossa identidade e personalidade estarão deformadas. E, mesmo depois de nos desapegarmos de todas as coisas, ainda assim haverá a última coisa. Aquela da qual mais sentiremos dificuldade de nos desapegar: nosso eu. Não nosso verdadeiro eu, mas nosso falso eu; aquele eu que não passa de uma quimera, uma paródia narcisista de nossa verdadeira identidade. Quando isso acontecer, quando o falso eu for negado, veremos que o conhecimento de Deus salvará nossos rostos. O discipulado já não será mais uma mera assimilação de doutrinas desconectadas da vida, mas, ao contrário, doutrina e vida se tornarão uma só carne.

DISCIPULADO DE BAIXO CUSTO

Jesus conclui seu ensino com uma ilustração do sal e de sua essência. Observe os versículos 34 e 35:

O sal é bom, mas, se ele perder o sabor, como restaurá-lo? Não serve nem para o solo nem para adubo; é jogado fora. Aquele que tem ouvidos para ouvir, ouça.

O que essa metáfora do sal tem a ver com o custo do discipulado? Imaginemos que aquele que não avalia o custo do discipulado e começa a seguir Jesus, mas permanece no anonimato (ou seja, quer ser discípulo, mas sem compromisso público com Jesus e seu ensino), na verdade não é um autêntico discípulo de Jesus. Ele é como um sal que perdeu aquilo pelo qual o sal é o que é. A essência do sal torna o sal tanto um tempero como um conservante para os alimentos. Por exemplo, graças ao sal, a carne pode ter um sabor mais agradável tanto quanto pode ser impedida de apodrecer. Mas isso só vai acontecer se o sal permanecer sendo sal. Quando o sal perde sua essência, por mais que ainda mantenha a aparência de sal, não cumpre mais com sua finalidade. Torna-se, por isso, inútil. Discípulos que deixaram de seguir Jesus podem parecer discípulos, mas, como não seguem mais Jesus, não conseguem mais realizar o discipulado. Assim como o sal que perdeu sua essência não tempera nem conserva mais a carne, o discípulo que perdeu a essência do discipulado não consegue mais fazer discípulos autênticos de Jesus. Eles são como o sal que não salga, que perdeu sua essência. Eles dizem que seguem Jesus, mas não se submetem mais ao seu reino. Vivem de acordo com suas agendas ocultas. Seguem Jesus do seu jeito. Como consequência, reproduzem outros seguidores anônimos, com um entendimento raquítico ou até mesmo falso do evangelho. Eles são incapazes de avaliar, de forma responsável, o custo do discipulado e, por fim, dizem seguir Jesus quando, na verdade, seguem um Cristo fabricado por seu próprio ego.

A advertência de Jesus é precisa: aquele que for incapaz de amar a Cristo acima de tudo, de sofrer por causa de Jesus e de seu ensino, bem como de se desvincular de tudo o que o prende neste mundo, jamais poderá ser seu discípulo. A negligência do cálculo do custo do discipulado não exime os cristãos das implicações decorrentes da falta de comprometimento com Cristo e com sua pregação. No final, o sal que perdeu sua essência deverá ser jogado fora. O cristianismo genérico também tem seu custo, diga-se, baixo custo. Ele não tem nada ou quase nada do evangelho. É verdade que esse cristianismo genérico é mais agradável ao espírito de época; afinal das contas, não discorda de nada nem de ninguém, todo mundo está certo, todo mundo é bonzinho e, no final, todos serão felizes. O problema é que o cristianismo de baixo custo produz também igrejas de baixo custo. E uma igreja de baixo custo, baseada na máxima satisfação da "clientela", também tem consequências para a vida. Ela nos torna mais parecidos com o Cristo de baixo custo — a bem da verdade, um falso Cristo, que, por sua vez, não poderia produzir outra coisa senão um falso cristão, um falso discípulo.

Por isso, mais do que nunca, a igreja precisa abandonar a cultura de consumo, centrada nas pessoas e em suas necessidades, e investir na cultura de discipulado, centrada em Cristo e em sua missão gloriosa. Só o discipulado é capaz de garantir a formação de autênticos "pequenos Cristos" (At 11.26). Todavia, o começo dessa mudança não vem com "métodos de discipulado eficaz", mas com a imitação de Cristo. A base de sustentação dessa mudança é a imitação de Jesus. No discipulado, não vale o "faça o que eu digo, mas não faça o que eu faço", pois só é possível discipular sendo, falando e agindo como discípulo, como um imitador de Cristo. Esta é a essência e a condição do discipulado: para ajudar alguém a seguir Jesus, é necessário, antes, pagar o preço de imitar Jesus.

> Facilmente serás enganado se só olhares para as aparências dos homens. Se procuras alívio e proveito nos outros, quase sempre terás prejuízo. Procura a Jesus em todas as coisas, e Jesus acharás. Se te buscas a ti mesmo, também te acharás, mas para a tua ruína. Pois o homem que não busca a Jesus é mais nocivo a si mesmo que todo o mundo e seus inimigos todos.
>
> — Tomás de Kempis, *Imitação de Cristo* (II,7)

PARTE 2
A DOUTRINA DA IMITAÇÃO DE CRISTO

> *Lembrem-se dos seus líderes, os quais pregaram a palavra de Deus a vocês; e, considerando atentamente o fim da vida deles, imitem a fé que tiveram.*
>
> — Hebreus 13.7

DISCIPULADO COMO *IMITATIO CHRISTI*

Assim como há um custo para seguir Jesus, também há um custo para ajudar alguém a seguir Jesus. Uma coisa é o custo de *seguir* Jesus. Outra bem diferente é o custo de *ajudar* a seguir Jesus. O custo de seguir não é o mesmo custo de ajudar a seguir. O custo de seguir é amor, sofrimento e desapego, mas o custo de ajudar é o próprio seguir. No entanto, é preciso que se diga de antemão que ajudar alguém a seguir Jesus não é o mesmo que fazer de Cristo um padrão moral a ser seguido. Além do mais, esse talvez tenha sido o maior dos muitos equívocos do evangelho social norte-americano, popularizado por Charles M. Sheldon (1857–1946) em seu *best-seller* de mais de 50 milhões de exemplares, publicado em 1897, sob o título *Em seus passos o que faria Jesus?*.[16]

Esse livro difundiu uma ideia de discipulado fundamentada na perspectiva do evangelho social, que, por sua vez, era de viés tipicamente liberal. Em poucas palavras, podemos dizer que "seguir Jesus", nessa perspectiva, não passava de uma redução do discipulado à observação de um código de padrões morais que se inspira na especulação das virtudes éticas de Cristo. Assim, basta ao cristão imitar os padrões morais de Cristo e pronto, o discipulado estará feito. O problema é que não é necessário sequer acreditar na existência de Deus para seguir os padrões morais de Cristo. É possível ser ateu e viver sob padrões morais cristãos. A situação espiritual da Europa, sobretudo no século XIX, é um claro exemplo disso. Inclusive essa situação explica uma das razões da crítica de Friedrich Nietzsche à comunidade intelectual alemã, que, a seu ver, era hegemonicamente cética quanto à existência de Deus, embora nutrisse profundo respeito pelos padrões morais cristãos.

Todavia, como afirma Robert G. Hamerton-Kelly: "Os apóstolos e seus seguidores não imitavam os exemplos morais da vida de Jesus, mas o ato-síntese de sua crucificação, o Cristo crucificado em sua atitude de autossacrifício, em vez de qualquer padrão ético específico

---

16 Cf. Charles M. Sheldon, *Em seus passos o que faria Jesus?* São Paulo: Mundo Cristão, 2007.

retirado da memória da sua vida".[17] Mas o que significa imitar a atitude autossacrificial de Jesus?[18] Segundo Hamerton-Kelly, a chave para o entendimento dessa imitação está no exemplo que os apóstolos deixaram para a igreja. Ou seja, a igreja, ao longo dos séculos, vem imitando Jesus naquilo que os apóstolos emularam de Cristo. Portanto, nenhum cristão que se preze imita Jesus sem a mediação apostólica. Aliás, tudo o que sabemos e devemos saber de Cristo é oriundo do ministério dos apóstolos. Por exemplo, ao dizer repetidas vezes e de diversas maneiras "Sede meus imitadores, como também eu sou de Cristo" (1Co 4.16 e 11.1; 1Ts 1.6; 2Ts 3.7), o apóstolo Paulo, ao contrário de Sheldon, não estava defendendo a ideia de que devemos especular quais seriam os padrões morais de Jesus a fim de aplicá-los no cotidiano. O discipulado não se reduz a ajudar pessoas a imitarem Cristo por meio da especulação de como ele agiria nos dias de hoje. O discipulado não está pautado numa doutrina da especulação, mas na doutrina da imitação.

É um erro teológico grotesco e de consequências danosas para a igreja pautar o discipulado na especulação, e não na imitação. Ao usar a especulação para responder à pergunta "Em seus passos o que faria

---

17 Robert G. Hamerton-Kelly, *Violência sagrada*: Paulo e a hermenêutica da cruz. São Paulo: É Realizações, 2012, p. 304.
18 Para um tratamento mais substancial sobre a atitude autossacrificial de Jesus, cf. meu livro *Inteligência humilhada*. São Paulo: Vida Nova, 2017, p. 140-57.

Jesus?", Sheldon deixou escapar pelos dedos a mediação apostólica do discipulado. Explico. A *imitatio Christi*, que nada mais é que "imitação de Cristo", não é um ato especulativo, mas *mimético*. O termo "mimético" vem de *mimesis*, uma palavra de origem grega e que, no contexto da filosofia, designa tudo o que é da ordem da imitação. Ora, se o discipulado é mimético, então pressupõe um modelo para nos servir de base à imitação. Nós temos esse modelo? Sim, os apóstolos são o modelo da *imitatio Christi*.

A esse respeito, Hamerton-Kelly diz, mais uma vez, algo muito relevante: "O cristão deve imitar o modelo divino e agir em imitação a Cristo. Isso tem consequências para a natureza do ministério apostólico, da comunidade cristã, e para o comportamento cristão".[19] Ou seja, a imitação de Cristo, como uma vocação para seguir Jesus, determina a natureza do ministério apostólico a ponto de fazer dos apóstolos um modelo a ser seguido pela comunidade cristã ao longo dos tempos. Em outras palavras, os apóstolos são o primeiro e mais importante exemplo que temos de *imitatio Christi* e, por essa razão, devem ser imitados. Eles são o teste de veracidade de nossa imitação. Portanto, se dissermos que imitamos Cristo mas nossos atos diferem dos atos dos apóstolos, então já não estamos mais imitando Jesus, mas, sim, uma ideia que fizemos dele.

---

19 Robert G. Hamerton-Kelly, *Violência sagrada*, p. 300.

O que acabamos de dizer não deveria ser entendido como um aval para a confusão que algumas pessoas, bem-intencionadas ou mal-intencionadas, têm feito da imitação apostólica. Alguns líderes evangélicos têm defendido a atualidade do apostolado em nossos dias. Mas essa ideia é descabida. Como diz Augustus Nicodemus Lopes, "apóstolo bom é apóstolo morto".[20] Não existem mais apóstolos entre nós.[21] A imitação apostólica não nos transforma em apóstolos, da mesma forma que a imitação de Cristo não transforma Paulo em Cristo. Essa confusão precisa ser desfeita. Imitar os atos dos apóstolos não significa tornar-se um apóstolo ou poder fazer tudo o que eles fizeram.

Voltemos ao tema do discipulado mimético. Ao dizer que o discipulado é mimético, estamos dizendo que a vocação para seguir Jesus é a prática de uma imitação herdada dos apóstolos. Nenhum discípulo de Cristo está autorizado a imitar um Cristo fabricado por sua mente, mas apenas o Cristo imitado e anunciado pelos apóstolos. Paulo desafiou os cristãos de seu tempo a serem imitadores de Cristo, mas, para isso, eles deveriam,

---

[20] Para o esclarecimento dessa confusão, cf. Augustus Nicodemus Lopes, *Apóstolos*: a verdade bíblica sobre o apostolado. São José dos Campos, SP: Fiel, 2014.

[21] "O apostolado dos Doze e de Paulo não pode ser reivindicado para nossos dias em nome da contemporaneidade de todos os dons espirituais descritos no Novo Testamento. Por ser um ofício como uma missão fundadora, o apostolado não está mais disponível em nossos dias, a não ser se entendido no sentido mais amplo do termo, a saber, enviado, delegado, emissário, missionário ou mensageiro" (Augustus Nicodemus Lopes, *Apóstolos*, p. 149-50).

em primeiro lugar, imitá-lo. Portanto, o discipulado deve ser sempre uma imitação de Cristo por meio da pregação apostólica. Essa pregação deve moldar nossa mente e nosso coração, ou seja, nossa inteligência e nossa imaginação, a ponto de nossas ações e identidade serem completamente moldadas e orientadas por ela.[22]

Entretanto, a natureza mimética do discipulado levanta outras questões importantes além da mediação apostólica. Tais questões não devem ser varridas para debaixo do tapete. Uma delas é a questão da identidade do discípulo. Ora, a *imitatio Christi*, mediada pela pregação dos apóstolos, não comprometeria a autenticidade e a originalidade do discípulo? Não seria a imitação de Cristo uma forma de inautenticidade ou até mesmo uma tentativa de fuga do compromisso inescapável de dar conta de nossa própria identidade?

SINCERIDADE E AUTENTICIDADE

Para ajudar alguém a seguir Jesus, é preciso tanto imitar Jesus como resistir à tentação de ser autêntico. Não há espaço para originalidade. Afinal, como o próprio Cristo disse: "Basta ao discípulo ser como seu mestre"

---

[22] Kevin J. Vanhoozer tem se debruçado continuamente sobre a relação entre inteligência e imaginação no discipulado. Sobre essa relação, destaco, em especial, *Encenando o drama da doutrina*: teologia a serviço da igreja. São Paulo: Vida Nova, 2016; e "Em sombras brilhantes: C. S. Lewis e a imaginação na teologia e no discipulado". In: John Piper e David Mathis (orgs.). *O racionalista romântico*: Deus, vida e imaginação na obra de C. S. Lewis. Brasília, DF: Monergismo, 2017, p. 103-33.

(Mt 10.25). Mas e quando aqueles que deveriam ser como Jesus não são e sequer se preocupam em ser como ele? O que dizer daqueles que se dizem discípulos de Jesus, mas querem ser, ao mesmo tempo, autênticos e originais? Como a igreja pode imitar Cristo sendo ela uma reunião de pessoas que querem ser o que querem, e não o que Deus quer que elas sejam? Quando a igreja não é feita de imitadores de Cristo, torna-se como uma civilização sem heróis, um povo que não consegue mais inspirar as novas gerações. Em *Como ferro afia o ferro*, Howard Hendricks relata uma experiência bem interessante a esse respeito:

> Os pedestais estão em grande parte vazios hoje em dia. Os heróis e modelos têm desaparecido. Nunca me esquecerei do garotinho que encontrei na barbearia. "Ei, filho, quando você crescer, vai querer ser parecido com quem?", perguntei a ele. Ele me olhou direto nos olhos e disse: "Senhor, não achei ninguém com quem quero ser parecido". Ninguém para admirar. Ninguém para imitar.[23]

Compare os líderes mundiais que temos hoje com os de um passado não muito distante. O declínio é impressionante. Somos uma civilização quase sem heróis. Mas o que aconteceu com eles? Na década de 1980, Cazuza

---

23 Howard e William Hendricks, *Como ferro afia o ferro*: a formação do caráter por meio do mentoreamento. São Paulo: Shedd, 2006, p. 130.

podia jurar, de pés juntos, que eles tinham morrido de overdose e que seus inimigos estavam no poder. Ou seja, no lugar dos heróis, estão os anti-heróis, que não são necessariamente bandidos, mas tampouco gente admirada por ter uma alma robusta. São, na maioria das vezes, pragmáticos, de alma raquítica, pessoas que querem resultados que possam maximizar a felicidade, custe o que custar. Eles não querem ser exemplo, nem padrão para quem quer que seja. Ambicionam apenas chegar ao poder e ao sucesso, e, por isso, rejeitam toda espécie de sacrifício por valores pelos quais, no passado, heróis deram suas próprias vidas. Por que as coisas chegaram a esse ponto? Aliás, por que carecemos tanto de pessoas a quem admirar e imitar? Seria a negação inconsciente dessa carência a razão que explica a busca do homem moderno por autenticidade e autonomia? Temos realmente de reprimir nossa necessidade de modelos para admirar e imitar? Por que nos causa tanta vergonha, seja pessoal, seja alheia, o ato de sermos flagrados como imitadores de alguém? Por que deveríamos ser autênticos?

Há algum tempo venho acompanhando algumas importantes discussões sobre a "cultura da autenticidade", e acredito que essas discussões podem nos ajudar não somente a entender a crise de referência que vivemos hoje, como também a nos dar alguns bons motivos para entender por que o discipulado se tornou mais uma técnica para integração de membros da igreja do que um modo de viver e ajudar pessoas a viverem conforme o exemplo de Cristo. Essas discussões foram praticamente inauguradas na década de 1980 por pensadores como Christopher Lasch,[24] Allan Bloom,[25] Marshall Berman,[26] Zygmunt Bauman,[27] Gilles Lipovetsky[28] e Charles Taylor,[29] entre outros. Qualquer um que tenha lido as obras desses pensadores, sobretudo no período de 1980 a 2015, facilmente perceberá que a discussão gira quase sempre em torno da adesão ao relativismo como uma visão modeladora da cultura contemporânea. Um efeito dessa modelagem é o compromisso religioso de nossa cultura com a autenticidade, explícito sobretudo no enorme desinteresse pelo "outro" e na busca desenfreada por autossatisfação.

A atitude centrada na autenticidade tem preocupado demasiadamente esses pensadores e, por isso,

---

24 Christopher Lasch, *The culture of narcissism*: american life in an age of diminishing expectations. New York: W. W. Norton & Company, 1979; *The minimal self*: psychic survival in troubled times. New York: W. W. Norton & Company, 1984.
25 Allan Bloom, *The closing of the american mind*: how higher education has failed democracy and impoverished the souls of today's students. New York: Simon & Schuster, 1987.
26 Marshall Berman, *Tudo que é sólido desmancha no ar*: a aventura da modernidade. São Paulo: Companhia das Letras, 1986 [1982].
27 Zygmunt Bauman, *Modernidade líquida*. Rio de Janeiro: Zahar, 2001 [2000].
28 Gilles Lipovetsky, *A era do vazio*: ensaios sobre o individualismo contemporâneo. Barueri, SP: Manole, 2005 [1995]; *Da leveza*: rumo a uma civilização sem peso. Barueri, SP: Manole, 2016 [2015].
29 Charles Taylor, *As fontes do self*: a construção da identidade moderna. São Paulo: Loyola, 2013 [1994]; *Uma era secular*. São Leopoldo, RS: Unisinos, 2010 [2007].

eles têm feito críticas bastante ácidas às culturas do relativismo e da autorrealização como responsáveis pelo declínio do homem público.[30] Mas essa reação avinagrada contra a cultura da autenticidade não é unânime. Um desses pensadores — refiro-me, em especial, ao canadense Charles Taylor — é menos pessimista. Em seu livro *A ética da autenticidade*, Taylor concorda parcialmente com a maioria, sobretudo no que diz respeito ao relativismo. Como a maioria, ele afirma que o "relativismo é um engano profundo". Por outro lado, o filósofo canadense argumenta que a autorrealização entendida como busca por autenticidade não deveria ser de todo execrada. Em sua visão, a maioria dos pensadores tem jogado a água suja do banho junto com o bebê, e por isso se equivocam. No caso, a água suja seria o relativismo e o bebê, a busca por autenticidade.[31] Em suas palavras:

> O ideal moral por trás da autorrealização é o ser fiel a si mesmo, em um entendimento especificamente moderno do termo. Décadas atrás, isso foi definido brilhantemente por Lionel Trilling em um livro influente, no qual ele capturava essa

---

30 Cf. Zygmunt Bauman, *Comunidade*. Rio de Janeiro: Zahar, 2003; Richard Sennett, *O declínio do homem público*: as tiranias da intimidade. Rio de Janeiro: Record, 2014.
31 Cf. Charles Taylor, *A ética da autenticidade*. São Paulo: É Realizações, 2011, p. 24-5.

forma moderna e distinguia das anteriores. A distinção é expressa no título, *Sinceridade e autenticidade*, e seguindo seus passos, usarei o termo "autenticidade" para o ideal contemporâneo.[32]

Não está em jogo analisar se Taylor foi fiel ou não às ideias de Trilling. O que interessa é saber se é possível conceber de forma positiva a busca contemporânea por autenticidade. Segundo Trilling, a chave está em distinguir *sinceridade* de *autenticidade*. Se a *sinceridade* remete à revelação do que quase sempre é ocultado por nós, a saber, os modelos que imitamos, a *autenticidade*, por sua vez, refere-se à recrudescência do ocultamento dos modelos que imitamos para formar nossa identidade. Em outras palavras, enquanto uma *pessoa sincera* seria consciente de que sua identidade é fruto da admiração que nutre por pessoas, uma *pessoa autêntica* seria, nesses termos, alguém que tem seu caráter forjado por pessoas a quem admira, mas esconde essa admiração sob a prerrogativa de que é uma pessoa absolutamente original, ou seja, que não imita nem toma alguém como padrão para viver.[33] A título de exemplo, uma ligeira comparação entre as *Confissões* de Agostinho de Hipona e as *Confissões* de Jean-Jacques Rousseau é suficiente para percebermos as diferenças entre o paradigma da

---

32 Ibid., p. 25.
33 Cf. Lionel Trilling, *Sinceridade e autenticidade*: a vida em sociedade e a afirmação do eu. São Paulo: É Realizações, 2014.

sinceridade e o paradigma da autenticidade. Observe primeiro o texto de Agostinho e, depois, o de Rousseau:

> AGOSTINHO: Que eu te conheça, ó conhecedor de mim, que eu te conheça, tal como sou conhecido por ti. Ó virtude da minha alma, entra nela e molda-a a ti, para que a tenhas e possuas sem mancha nem ruga. Esta é a minha esperança; por isso falo e nesta esperança me alegro, quando experimento uma sã alegria. Pois as restantes coisas desta vida tanto menos se devem chorar quanto mais por causa delas se chora, e tanto mais se devem chorar quanto menos por causa delas se chora. Mas tu amaste a verdade, porque aquele que a põe em prática alcança luz. Também a quero pôr em prática no meu coração: diante de ti, na minha confissão, diante de muitas testemunhas, nos meus escritos. [X.1][34]

> ROUSSEAU: Eu só. Sinto meu coração e conheço os homens. Não sou feito como nenhum dos que já vi; e ouso crer que não sou feito como nenhum dos que existem. Se não sou melhor, sou, pelo menos, diferente. E só depois de me haver lido é que poderá alguém julgar se a natureza fez bem ou mal em quebrar a forma em que me moldou. Soe quando quiser a trombeta do juízo final: virei, com este livro

---

34 Agostinho de Hipona, *Confissões*. Lisboa: Casa da Moeda, 2004, p. 437.

nas mãos, comparecer diante do soberano Juiz. Direi altivo: "Eis o que fiz, o que pensei, o que fui". [I.1][35]

Muitas coisas poderiam ser ditas a partir da comparação desses dois excertos. Entretanto, convém considerar apenas o contraste que nos interessa. Por um lado, o excerto de Agostinho realça sua maior preocupação, a saber, ter uma alma moldada por Deus: "Ó virtude da minha alma, entra nela e molda-a a ti, para que a tenhas e possuas sem mancha nem ruga. Esta é a minha esperança". A esperança de Agostinho é ter sua identidade modelada por Deus. Isso corresponde ao paradigma da sinceridade, que está fundado na consciência de que aquele que conta com nossa admiração nos serve como modelo a ser imitado. Por outro lado, o excerto de Rousseau revela sua preocupação em se autoafirmar como autônomo, diferente e original: "Se não sou melhor, sou, pelo menos, diferente. E só depois de me haver lido é que poderá alguém julgar se a natureza fez bem ou mal em quebrar a forma em que me moldou". A esperança de Rousseau é ter sua identidade moldada por ele apenas. Isso corresponde ao paradigma da autenticidade, que está fundado na autoafirmação das pretensas autonomia e originalidade do homem, ou melhor, no ocultamento dos modelos que admiramos e que modelam nossa identidade.

---
35 Jean-Jacques Rousseau, *Confissões*. Barueri, SP: Edipro, 2008, p. 30.

Em suma, Agostinho, que segue o paradigma da sinceridade, mostra-se consciente da condição *sine qua non* de um modelo para a constituição de sua identidade. Em contrapartida, Rousseau, que segue o paradigma da autenticidade, revela que, pelo menos, não está consciente da condição necessária de um modelo para a constituição de sua identidade. Este, como diria René Girard, se baseia na "mentira romântica"; aquele, na "verdade romanesca".

MENTIRA ROMÂNTICA

René Noël Théophile Girard (1923–2015) nasceu em Avignon, na França, e foi considerado, por muitos eruditos, um típico pensador nômade, porque atuou como historiador, crítico literário, antropólogo, filósofo, teólogo, sociólogo, filólogo etc. A lista de suas atuações é realmente bem extensa. Mas, apesar de seu nomadismo, seu pensamento pode ser caracterizado pela centralidade em uma rede de ideias de alcance impressionante. Talvez o professor João Cezar de Castro Rocha tenha razão ao afirmar que a melhor descrição de René Girard seria como um "porco-espinho alado". Para entender isso, precisamos lembrar da célebre distinção entre a raposa e o porco-espinho, estabelecida por Isaiah Berlin. Ao retomar um verso de Arquíloco que diz "A raposa conhece muitas coisas, mas o porco-espinho conhece uma única grande coisa", Berlin ofereceu uma distinção interessantíssima entre dois tipos de pensadores: uns são como porcos-espinhos, pensadores que trabalham bem com um único tema; outros são como raposas, pensadores que trabalham com os mais diversos temas.[36] Ao designar Girard como um porco-espinho alado, o professor Rocha quer dizer que Girard não é meramente um pensador de ideia única, mas de uma rede de ideias entrelaçadas por uma única teoria: a teoria mimética do desejo.[37] Essa intuição de Girard é muito importante para nos ajudar a explicar tanto o equívoco do paradigma da autenticidade como a natureza mimética ou imitativa do discipulado.

Parece indubitável que a obra fundante dessa rede de ideias girardianas é *Mentira romântica e verdade romanesca*, publicada em 1961. Nessa obra, o pensador francês chama de "mentira romântica" o que estamos designando como paradigma da autenticidade, ou seja, a crença de que é possível sermos literalmente autênticos. Para explicar que o paradigma da autenticidade é, antes de tudo,

---

[36] Isaiah Berlin, "O ouriço e a raposa". In: Henry Hardy e Roger Hausheer (orgs.). *Estudos sobre a humanidade*: uma antologia de ensaios. São Paulo: Companhia das Letras, 2002, p. 447-8.

[37] René Girard, *Mentira romântica e verdade romanesca*. São Paulo: É Realizações, 2009, p. 13-4. Para uma introdução à teoria mimética, cf. Michael Kirwan, *Teoria mimética*: conceitos fundamentais. São Paulo: É Realizações, 2015. Não me preocupei em apresentar exaustivamente os contornos da teoria mimética; antes, considerei relevantes apenas aqueles conceitos que trazem luz à doutrina da *imitatio Christi*, evitando ao máximo desdobramentos importantes desses conceitos e que só fariam sentido se o objetivo fosse mais ambicioso do que aquele que ora apresentamos na introdução deste livro.

uma mentira, Girard analisa o mecanismo do desejo. E como funciona esse mecanismo? Simples assim: onde há desejo, há também seu correlato, um objeto de desejo. Como C. S. Lewis disse certa vez:

> As criaturas não nascem com desejos que não possam ser satisfeitos. Um bebê sente fome; pois bem, há uma coisa chamada leite. Um patinho deseja nadar; pois bem, existe uma coisa chamada água. Os homens sentem desejo sexual; pois bem, existe uma coisa chamada sexo.[38]

Portanto, é da natureza do desejo dirigir-se a algo como objeto. Ou seja, todos os que desejam, desejam alguma coisa. Ao analisar o mecanismo do desejo, sobretudo a partir de obras literárias que figuram no arco temporal compreendido entre Cervantes e Proust, Girard notou que nossos desejos estão sempre enredados numa mediação. Isso quer dizer que nunca desejamos o objeto de forma direta, como pressupõe o paradigma da autenticidade. Pelo contrário, o desejo pela autenticidade, entendido como desejo de ser quem queremos ser, jamais ocorre sem um mediador. Segundo Girard, esse mediador é sempre um modelo, alguém que nos causa profunda admiração e que nos faz desejar o que queremos ser — e ter também!

---
38 C. S. Lewis, *Cristianismo puro e simples*. São Paulo: ABU, 2008, p. 77.

Imitamos um modelo em nossos desejos. Por exemplo, você nunca se perguntou por que as propagandas associam determinados produtos a pessoas admiráveis? As propagandas trabalham com a natureza mimética de nossos desejos. Um jogador de futebol que apresenta um barbeador que ele julga ser fantástico despertará o desejo dos telespectadores por esse barbeador, principalmente se eles admirarem o tal jogador de futebol. Se esse mecanismo não funcionasse, essas propagandas não seriam tão recorrentes.

Você nunca percebeu que, quando admiramos uma pessoa, queremos imitá-la em quase tudo? Isso significa que não somente imitamos seus jeitos e trejeitos, como também desejamos o que esses modelos desejam. Ora, a mentira romântica é a negação desse mecanismo. E a mentira está deflagrada no fato de acreditarmos que desejamos as coisas por elas mesmas. Mas, desde o Éden, esse mecanismo do desejo se apresenta na natureza humana. Nossos pais rivalizaram com Deus por causa de um mediador, um modelo, a saber, a serpente. Ela despertou o desejo de ser o que eles queriam ser, e não o desejo de ser o que Deus queria que eles fossem. Ou seja, Adão e Eva só desejaram o contrário do que Deus queria porque um modelo — a serpente — despertou esse desejo.

Vale a pena destacar que há uma diferença entre "desejo na condição de desejo" e "desejo na condição de apetite". Ambos são desejos e, portanto, se dirigem a algo como objeto. A diferença é que o *desejo na condição de apetite* tem fundamento biológico e, por isso, não depende necessariamente de um mediador, mas apenas de um objeto. Já o *desejo na condição de desejo* depende sempre de um mediador. Por exemplo, eu não preciso de um mediador para desejar beber água, mas preciso de um mediador para desejar ser um bom professor de filosofia. Em outras palavras, não preciso admirar alguém que deseja beber água para que eu possa desejar beber água, mas, para desejar ser um bom professor de filosofia, tenho de haver admirado antes um bom professor de filosofia, e parte do meu "vir a ser um bom professor de filosofia" depende da minha capacidade de imitar um bom professor de filosofia.

Vejamos outro exemplo, agora da música. Quando alguém decide aprender a tocar um instrumento musical, primeiro imita um professor. O professor precisa mostrar ao aluno como devem ser executadas as performances no instrumento musical. Depois de um tempo estudando com esse professor, o estudante passará a imitá-lo também em suas grandes referências musicais, que, em geral, são músicos famosos e que tanto o professor como o aluno provavelmente só veem na televisão ou num grande palco. A prova de que professor e aluno imitam os famosos está no fato de que eles acabam comprando instrumentos musicais da mesma marca dos instrumentos dos músicos famosos que ambos têm como referência. Essa espécie de mediação não acontece com desejos biológicos.

Ora, qual é a mais importante implicação dessa teoria para nossos desejos não biológicos? Os modelos determinarão o objeto de desejo daqueles que admiram tais modelos. Por exemplo, nossos filhos não aprendem meramente com nosso discurso, mas, sim, com nosso exemplo. Eles nos imitam desde pequenos. Seja o menino tentando usar as calças largas e enormes do pai, seja a menina tentando equilibrar-se no sapato de salto alto da mãe. Eles nos observam o tempo todo. Portanto, se você for modelo para seu filho e, por acaso, amar mais a grana do que sua família, não se espante se seu filho passar a desejar grana mais do que tudo ao seu redor. Mas, se ele não desejar grana como você incansavelmente deseja, isso não significa que ele seja uma pessoa melhor do que você. Não mesmo. Significa apenas que ele encontrou alguém para admirar mais do que a você. Todavia, isso também não quer dizer que esse alguém, admirado por seu filho, seja melhor do que você. Talvez, para sua infelicidade, ele seja um traficante e seu objeto de desejo seja cocaína.

Quando compreendemos a natureza mimética do desejo, tornamo-nos conscientes de que, para sermos um exemplo a ser imitado, o que está em jogo não é somente nossos jeitos e trejeitos, mas também as coisas que desejamos. O pastor que ama mais a grana do que a Jesus plasmará esse desejo em todos aqueles que o admirarem. Por outro lado, se o pastor ama Jesus mais do que tudo, aqueles que o admiram provavelmente também desejarão amar Jesus mais do que tudo.

VERDADE ROMANESCA

Você consegue perceber a importância dessa teoria dos desejos para a compreensão do discipulado como ato de imitar Cristo e, sobretudo, como ato de ajudar as pessoas a imitarem Cristo? Um cristão não pode, de forma alguma, viver sob o paradigma da autenticidade. Ele tem um modelo explícito a ser imitado, e sua identidade como cristão depende da mediação de Cristo, alcançada não por nossa especulação, mas pela pregação apostólica. Em *Cristianismo puro e simples*, C. S. Lewis diz algo bastante interessante sobre o equívoco do paradigma da autenticidade:

> Quanto mais nos libertamos de "nós mesmos" e deixamos que seja Cristo quem nos dirija, tanto mais verdadeiramente nos tornamos nós mesmos. Cristo é tão imenso que milhões e milhões de "pequenos Cristos", todos diferentes entre si, ainda são insuficientes para exprimi-lo por inteiro. Foi ele quem nos criou a todos! Inventou — tal como um escritor inventa as personagens de um romance — cada um

desses diversíssimos "homens novos" que você e eu estamos destinados a ser. Nesse sentido, os nossos verdadeiros "eus" estão todos a nossa espera nele. De nada nos adianta procurarmos ser "nós mesmos" sem ele. Quanto mais eu resistir a Cristo, quanto mais tentar viver por conta própria, mais me verei dominado pela minha hereditariedade, pela minha criação, pelas minhas circunstâncias e pelos meus desejos naturais. Aquilo a que tão orgulhosamente chamo "eu" torna-se simplesmente o ponto de encontro de uma cadeia de acontecimentos que não pus em movimento e que não sou capaz de deter. Aquilo a que chamo "as minhas intenções" reduz-se simplesmente aos desejos do meu organismo físico, aos pensamentos que me foram soprados por outros homens ou mesmo às sugestões dos demônios. [...] No meu estado natural, não sou nem metade da pessoa que imagino ser; praticamente tudo aquilo a que dou o nome de "eu" pode encontrar uma explicação muito fácil. É somente quando me volto para Cristo, quando me entrego à sua personalidade, que começo a ter personalidade própria. [...] Mas, para isso, tem de haver uma verdadeira entrega do "eu". Você tem de lançá-lo fora "às cegas", por assim dizer. Sem sombra de dúvida, Cristo dar-lhe-á uma personalidade real, mas você não deve procurá-lo por isso. Enquanto a sua verdadeira preocupação continuar a ser a sua própria pessoa, você ainda não estará à procura de Cristo. O primeiríssimo passo é tentar esquecer-se inteiramente do seu "eu". O seu autêntico novo "eu" (que é de Cristo e também seu, e seu unicamente por ser dele) não aparecerá enquanto você o buscar; surgirá apenas quando você estiver à busca de Cristo. [...] É um princípio que percorre a vida inteira, do começo ao fim. Entregue-se a si mesmo e encontrará o seu verdadeiro "eu". Perca a sua vida e salvá-la-á. Submeta-se à morte, à morte das suas ambições e dos seus desejos prediletos todos os dias, e à morte de todo o seu corpo no fim: submeta-se a ela com cada fibra do seu ser, e encontrará a eternidade. Não tente reter nada. Nada que você não tenha entregado chegará a ser realmente seu. Nada em você que não tiver morrido poderá algum dia ressuscitar dos mortos. Busque-se a si mesmo, e a longo prazo só encontrará ódio, solidão, desespero, rancor, ruína e decadência. Busque a Cristo e você o encontrará, e, com ele, tudo o mais.[39]

Lewis está reverberando o que Tomás de Kempis já disse em *Imitação de Cristo*: "Procura a Jesus em todas as coisas, e Jesus acharás. Se te buscas a ti mesmo, também te acharás, mas para a tua ruína". Não somos e nunca seremos originais. Esse é o paradigma

---

39 C. S. Lewis, *Mero cristianismo*. São Paulo: Quadrante, 1997, p. 218-20.

da sinceridade, nossa "verdade romanesca". Não somos autênticos. Sempre temos um modelo a imitar. Essa verdade também vale para o discipulado. Entendo que, hoje em dia, estamos diante de duas abordagens do discipulado. Uma é a abordagem mimética, centrada no paradigma da sinceridade; outra é a abordagem humanista, centrada no paradigma da autenticidade. Esta trata o discipulado como um meio de ajudar as pessoas a se tornarem o que elas querem ser; aquela considera o discipulado um meio de ajudar as pessoas a se tornarem como Jesus. A abordagem pelo paradigma da autenticidade corresponde à atitude egocentrada de nossos dias. Já a abordagem pelo paradigma da sinceridade corresponde à atitude centrada em Cristo.

Todavia, por mais que seja centrada em Cristo, a atitude sincera no discipulado não anula nossa identidade pela imitação de Cristo. Não estamos dizendo que o autoconhecimento, tão celebrado pela filosofia, seja uma tarefa inútil. Não. A expressão dos filósofos "Conhece-te voltando-se para si mesmo" não contempla o eu sob o mesmo prisma da expressão dos teólogos "Conhece-te voltando-se para Cristo". Como Louis Lavelle certa vez disse, "Se os antigos dizem 'conhece-te' e os cristãos, 'esquece-te', é que eles não falam do mesmo eu. No entanto, só é possível conhecer um com a condição de esquecer o outro".[40] Ou seja, o eu que deve ser

---

40 Louis Lavelle, *O erro de Narciso*. São Paulo: É Realizações, 2012, p. 52.

conhecido só é de fato conhecido quando o eu que deve ser esquecido é de fato esquecido. E, para esquecer o eu que deve ser esquecido, basta admirar Jesus mais do que a si mesmo. Por isso, a igreja precisa urgentemente de modelos que sejam capazes de nos ajudar a conhecer o eu que Deus quer que sejamos e a esquecer o eu que queremos ser. O paradigma da autenticidade jamais nos permitirá, como diz Timothy Keller, tratar nosso eu como os dedos do pé. Em suas palavras:

> A pessoa verdadeiramente humilde não é aquela que se odeia ou se ama, e sim a que tem a humildade do evangelho. É uma pessoa que esquece a si mesma e cujo ego é igual aos dedos dos pés. Eles simplesmente exercem sua função. Não imploram por atenção. Os dedos simplesmente trabalham; o ego simplesmente trabalha. Nem o ego nem os dedos chamam a atenção para si.[41]

Somente Jesus pode quebrar o encantamento do narcisismo. Quando Narciso encontra Cristo, tem de escolher entre o discipulado e o "labirinto cheio de espelhos", como diz a canção de Lorena Chaves. Se sua escolha for pelo discipulado, é porque algo mais encantador que o espelho cativou sua alma. Por isso, o discipulado começa com a admiração por Cristo e se transforma na imitação

---

41 Timothy Keller, *Ego transformado*. São Paulo: Vida Nova, 2014, p. 35.

diária de Cristo, a ponto de sermos admirados por outras pessoas, não obviamente por quem somos, mas por quem imitamos. Tratar o eu dessa forma é o primeiro passo para compreender que a dinâmica da imitação de Cristo pressupõe autoesquecimento, e, como diz Keller, autoesquecimento "não significa pensar em mim mesmo como se fosse mais do que sou, nem pensar em mim mesmo como se fosse menos do que sou. É simplesmente pensar menos em mim mesmo".[42]

Talvez, depois de tudo o que foi dito, você esteja pensando em como suas tentativas de imitar Cristo estavam até agora eivadas de narcisismo. É provável que, agora, você esteja refletindo sobre aqueles que te serviram de modelo para imitar Cristo. Se me permite ir mais fundo em nossa reflexão, eu te pergunto: "Por que você continua pensando em si mesmo e em seus modelos? Que tal parar de pensar um pouco em si mesmo e aceitar o desafio de ser modelo para os fiéis? De ser admirado por outros irmãos, mas não por causa de seu jeito e de seus trejeitos, e, sim, por causa da sua submissão ao senhorio de Cristo? Este livro não foi escrito para alertar as pessoas a prestarem mais atenção em quem imitam, mas sobretudo para encorajar você a aceitar o desafio de ser modelo para os fiéis (1Tm 4.12), um modelo para aqueles que vivem ao seu redor, um modelo para as próximas gerações. Para isso, você não precisa encontrar

---

42 Ibid., p. 38.

uma grande ideia. Nós já temos a pregação apostólica.[43] Precisamos apenas olhar para Jesus. Uma igreja que deseja criar uma cultura de discipulado tem de aprender a investir nas coisas que realmente importam. Programas de discipulado, baseados em conteúdo e completamente dissociados de modelos exemplares, que pouco se preocupam em encarnar o evangelho no dia a dia, podem contribuir muito para a cultura de consumo em nossas igrejas, mas certamente farão muito pouco pela cultura de discipulado. Em seu livro *O poder através da oração*, E. M. Bounds diz algo muito importante:

> Estamos constantemente empenhados, se não obcecados, em arquitetar novos métodos, novos planos e novas organizações para fazer a igreja progredir e assegurar a divulgação e a eficiência do evangelho. Essa orientação hodierna tem a tendência de perder a visão na pessoa ou afogar a pessoa no plano ou na organização. O plano de Deus é usar pessoas e usá-las muito mais do que qualquer outra coisa. Pessoas são o método de Deus. A igreja está procurando métodos melhores; Deus está procurando pessoas melhores.[44]

---

43 Cf. Jonathan Leeman, *A igreja centrada na Palavra*. São Paulo: Vida Nova, 2019.
44 E. M. Bounds, *O poder através da oração*. São Paulo: Batista Regular, 1997, p. 5. Cf. Mark Dever e Jamie Dunlop, *A comunidade cativante*. São José dos Campos, SP: Fiel, 2016.

Bounds não está centralizando o discipulado nas pessoas. Ele está apenas nos lembrando de que pessoas devem estar mais em nosso foco do que estruturas. O *ministério da treliça* (o cuidado com a estrutura da igreja) tem seu valor. Mas certamente não será mais valioso do que o *ministério da videira* (o cuidado com as pessoas).[45] Sem dúvida, a treliça é importante, mas de que adianta ter uma treliça de ouro se não temos videira? Que tenhamos treliças, mas que se tornem invisíveis por causa da videira carregada de bons frutos! Afinal, a treliça é necessária. Contudo, você só encontrará vida pra valer na videira. Em outras palavras, você pode ter uma igreja com uma excelente estrutura e cheia de pessoas para servirem a essa estrutura. Ela está viva? Depende. Do que adianta essa belíssima estrutura se ela esmaga a própria membresia? Em vez de servir à membresia, ela tem, na verdade, transformado discípulos em voluntários, esmagados por uma máquina de eventos que não para nunca. Para montar um império, você naturalmente precisará de voluntários, mas, para plantar uma igreja, você precisa de discípulos. Nossa missão não é montar um império. O Reino de Deus não é feito de voluntários, mas de discípulos.

Se você é um pastor como eu, quero encorajá-lo a trocar o sonho do império pelo sonho do Reino de Deus. Se

---

45 Cf. Colin Marshall e Tony Payne, *A treliça e a videira*: a mentalidade de discipulado que muda tudo. São José dos Campos, SP: Fiel, 2015.

você fizer essa troca, seu foco mudará. Em vez de desejar ser um grande empresário com uma baita sacada e *feeling* empreendedor, que tal se espelhar em Paulo e em sua dedicação em formar jovens como Timóteo, Onesíforo e tantos outros? Eis o principal argumento deste livro:

> *A cultura de discipulado como imitação de Cristo só será uma realidade em nossas igrejas se, em primeiro lugar, a igreja estiver disposta a assumir o custo do discipulado, que nada mais é que seguir Jesus e, pelo exemplo, ajudar outras pessoas a seguirem Jesus; e, em segundo lugar, se os oficiais da igreja derem o exemplo e se tornarem admiráveis justamente porque admiram e desejam imitar Jesus mais do que tudo ao seu redor.*

O DISCIPULADO E A ROSA

De tudo o que consideramos até aqui, podemos concluir dizendo que há dois sentidos de discipulado e que um pressupõe o outro: o *discipulado como ato de ajudar alguém a seguir Jesus* pressupõe o *discipulado como ato de seguir Jesus*. Isso quer dizer que quem não segue Jesus não pode ajudar pessoas a seguirem Jesus. A dinâmica entre os dois sentidos de discipulado (seguir e ajudar) é semelhante à relação entre a rosa e sua cor. Imagine uma rosa bem vermelha. Você já parou para pensar que essa rosa e sua cor são inseparáveis? É impossível separar a rosa de sua cor. A única coisa que podemos fazer é uma distinção conceitual entre rosa e cor. Por exemplo, você pode distinguir uma rosa vermelha de outra rosa que é branca, mas não pode trocar a cor de sua rosa vermelha pela cor da rosa branca.

Imagine a seguinte cena. Você vai a uma floricultura e encontra uma rosa branca linda e cheia de pétalas. Sua intenção é dar essa rosa a alguém que você ama, mas você sabe que essa pessoa gosta mais de rosas vermelhas do que de rosas brancas. Então, você olha para o cesto de rosas vermelhas e elas estão com uma cor linda, mas são rosas mirradinhas, não são tão cheias de pétalas e tão opulentas quanto as rosas brancas no cesto ao lado. Presumo que você precisará escolher entre a rosa branca e a rosa vermelha. Não existe uma terceira alternativa, do tipo: "Ei, vendedor? Quero comprar essa rosa branca, mas não gostei da cor. Vou ficar com ela, mas gostaria apenas que o senhor trocasse a cor dela pela cor dessas rosas vermelhas que estão no cesto ao lado!". Ora, é claro que isso é um absurdo. Você jamais será capaz de fazer a separação entre a rosa e sua cor. A cor sempre acompanhará a rosa. Você pode apenas distingui-las, mas jamais separá-las. Trata-se de algo muito semelhante à fórmula que João Calvino usou para se referir as duas naturezas de Cristo: *distinctio sed non separatio*, "distinto, mas inseparável".⁴⁶ Posso distinguir, na minha mente, a rosa de sua cor, mas não posso separá-la no mundo.

Penso que o "ato de ajudar pessoas a seguirem Jesus" é como uma rosa, enquanto o "ato de seguir Jesus" é como a cor da rosa. Os dois atos são inseparáveis na vida diária. Mas, embora distintos, assim como a cor dá o tom da rosa, o "ato de seguir Jesus" deve dar o tom do "ato de ajudar pessoas a seguirem Jesus". Em outras palavras, não podemos separar o ato de seguir Jesus e o ato de ajudar pessoas a seguirem Jesus. Esses dois atos são inseparáveis.

A causa de não conseguirmos criar uma cultura de discipulado em nossas igrejas está bastante relacionada a essa separação. Separamos o que não devemos separar. Daí a tragédia é inevitável: gente que não segue Jesus tentando ajudar pessoas a seguirem Jesus. Algo como "um cego guiando outro cego". E, quando isso acontece, tornamo-nos seguidores que não ensinam o evangelho ou o pior de todos os cenários: ensinamos pessoas a seguirem o evangelho que nós mesmos não seguimos.

---

46 Cf. Alister McGrath, *A vida de João Calvino*. São Paulo: Cultura Cristã, 2004, p. 175-6. Devo essa informação a Norma Braga, na ocasião em que tive a grata oportunidade de ser um dos examinadores de sua tese de doutorado em teologia filosófica, que, por sinal, versava sobre a relação entre teoria mimética e idolatria.

CONCLUSÃO

Preciso dizer uma última palavra antes de você terminar a leitura deste livro. O encorajamento que você recebeu para ser modelo dos fiéis, provocando-lhes a admiração, precisa ser distinguido da busca pelo reconhecimento dos homens. O discipulado é, como vimos, uma maneira de influenciar pessoas pela capacidade que temos de impactá-las com nosso exemplo — no caso, nossa imitação de Cristo. Isso requer a arte do desaparecimento, a fim de que Cristo apareça em nosso lugar: que ele cresça e que a gente diminua (Jo 3.30). Essa cadeia de imitações de Cristo, que, desde o tempo dos apóstolos, tem mantido a igreja viva, envolve esse tipo de desaparecimento, que só é possível por amor, muito amor, mas jamais amor-próprio.

Na magistral *Regra pastoral*, escrita no século VI d.C., Gregório Magno ofereceu algumas lições preciosas acerca desse "desaparecimento amoroso". Uma delas diz respeito às armadilhas do amor-próprio:

> Os verdadeiros pastores não cultivam sentimentos de amor-próprio [...] bons pastores devem procurar ser agradáveis para atrair, com a amabilidade da estima que gozam, ao amor da verdade, e não

pelo prazer de ser amados, mas para tornar sua amabilidade como uma estrada pela qual conduzir o coração dos fiéis ao amor do seu Criador. É difícil que um pregador não amado seja ouvido de boa vontade, mesmo que diga verdades sacrossantas. O pastor deve, portanto, procurar que seus fiéis o amem para conseguir que o escutem [...] Paulo faz compreender bem tudo isso quando nos revela a sua secreta preocupação, dizendo: [...] "Se estivesse procurando agradar aos homens, eu já não seria servo de Cristo". Paulo, portanto, quer agradar e não o quer: no seu desejo de ser aceito, não mira a si mesmo, mas somente, através dele, tornar a verdade agradável aos homens (I.8,19).[47]

Como argumentou Gregório Magno, é preciso resistir à tentação de ser padrão para os fiéis por causa do amor-próprio, mas também é preciso resistir, com a mesma intensidade, à tentação de ser modelo para ser aceito ou reconhecido pelos homens. A única motivação pela qual "ser modelo para os fiéis" deve interessar-nos é porque ser um discípulo de Cristo desperta ainda mais a admiração das pessoas por Cristo. Nesse sentido, precisamos desaparecer diante da glória de Cristo. Afinal, convém que ele cresça e que a gente diminua.

Em Mateus 6.28, Jesus disse aos seus discípulos: "Vejam como crescem os lírios do campo". O lírio do campo

---

47 Gregório Magno, *Regra pastoral*. São Paulo: Paulus, 2010, p. 92.

não é uma planta rara. Pelo contrário, é uma planta comum entre as outras. Não há nada de extraordinário no lírio. Essa planta não tem uma propriedade especial que justifique destaque em detrimento de outras plantas. Não. O lírio do campo não é — e jamais será — uma "personalidade do ano", digamos assim. Trata-se apenas de uma flor que se perde no meio de tantas outras que crescem no campo. Por essa razão, os lírios do campo não disputam ocupar um lugar de destaque. Aliás, não há lugar para o lírio acima de seus iguais.

Vivemos numa cultura contaminada pela febre do marketing pessoal e da superestimação de si mesmo. Cada um quer seu lugar ao sol. Neste mundo, em que quase todos querem alcançar os píncaros do reconhecimento, sobra pouquíssimo espaço para aqueles que querem ser apenas mais um entre os iguais. Por isso, não faltarão palavras de ordem contra a ideia de que você é apenas mais um entre muitos: "Você não pode ser mais um!", essa é a primeira delas. Em seguida: "Imprima no mundo sua marca. As pessoas precisam notar que você chegou. Você é o cara! Diga adeus ao anonimato". Definitivamente, "ser mais um" não está na moda.

A despeito de o lírio do campo não ser uma planta rara, tampouco tem um jardineiro, digo, um jardineiro humano. O lírio é do campo. Por isso, nenhum homem cuida dos lírios, mas, mesmo assim, eles crescem. A sobrevivência deles está inteiramente nas mãos de Deus. Ele é seu jardineiro, somente ele cuida dos lírios. Os homens podem apenas, se quiserem, contemplá-los. Eles podem até notar a beleza de um lírio no campo. Mas ninguém pode olhar para o lírio e dizer: "Sua beleza depende da minha atenção e dos meus cuidados!". Verdade seja dita: os lírios do campo estão aí, belos e frondosos, e certamente a despeito de os homens notarem sua presença no campo. Hoje em dia, alguns têm dito que devemos viver como se Deus não existisse, como se sua mão não estivesse regendo cada centímetro quadrado da existência humana. E, pasme, não estou me referindo a ateístas, mas a cristãos professos, cristãos niilistas. Niilistas porque desistiram de viver como vivem os lírios do campo, de viver com a consciência de que tudo está sob o governo de Deus. Se queremos ter a consciência dessa completa dependência de Deus, temos de ver graça em tudo.

Apesar de o lírio do campo não ser uma espécie rara e, por isso mesmo, ser desprezado pelos homens, Deus nota seu crescimento e cuida diariamente do lírio. Note, Jesus não disse meramente: "Vejam os lírios do campo". Na verdade, ele disse: "Vejam como eles crescem". E, como crescem os lírios do campo? Crescem sem que sejam notados pelos homens. Você deve estar pensando: "Ah, como deve ser triste a vida de um lírio! Imagine só! Como suportar crescer sem ser notado pelos homens?". Mas o lírio não vive triste nem angustiado por causa da ignorância dos homens. Se um lírio pudesse falar, acho que diria algo mais ou menos assim: "Desejar que o homem perceba meu crescimento é desejar o impossível. Não posso culpar os homens por não perceberem meu crescimento. Condená-los por essa razão seria o mesmo que condenar um cego porque ele não pode me ver". Em contrapartida, é inegável que, em certa medida, os homens conseguem perceber, sim, que o lírio do campo cresce. Na verdade, o que eles não conseguem é percebê-lo enquanto está crescendo.

Quando a professora de ciências ensina a seus alunos o crescimento dos seres vivos, em geral ensina fazendo a famosa experiência do grão de feijão, ensopado com água. A professora não pede que seus alunos fiquem observando, nem diz que, num passe de mágica, nascerá ali um pezinho de feijão. Claro que não. Os alunos têm de esperar a cada dia que passa o pezinho de feijão crescer. Ninguém o percebe crescendo; antes, percebe apenas as etapas de seu crescimento. É como um filho que vemos todos os dias e, quando nos damos conta, já cresceu.

Como um lírio do campo, o discípulo, entre muitos outros discípulos de Cristo, deve aceitar que os homens não podem perceber seu crescimento. E, por sabermos e aceitarmos isso, não vamos ficar por aí dizendo cobras e lagartos porque os homens não percebem nosso crescimento. Não há vínculo de causa e efeito entre a percepção dos homens e o crescimento dos lírios. Você, seguidor, imitação bíblica de Cristo, você é como um lírio do campo e, portanto, vai crescer a despeito do desprezo ou do louvor dos homens.

Ser modelo para os fiéis é escolher imitar Cristo, ou seja, fazer de Jesus o modelo para a vida, e não apenas para os fins de semana. Isso vai causar a admiração das pessoas justamente porque seu objetivo não é ser modelo para ser reconhecido, mas ser modelo para Cristo ser visto. E, quando isso de fato acontecer, não se esqueça: os lírios crescem a despeito de serem notados. Isso basta? Não. É preciso lembrar que Cristo, seu modelo, acompanhará seu crescimento a cada instante. Por isso, quem vive como um lírio descansa, pois sabe que Cristo não apenas pode notar seu crescimento; ele realmente o nota. Até hoje, você desejou contemplar Cristo, saber o máximo possível sobre ele. Todavia, seguidor, seu maior desafio será crer que, a despeito de sua quase invisibilidade pública, Cristo, que também está invisível, velará por você. Como, certa vez, Søren Kierkegaard disse:

> Muitos vivem em grandes cidades e, por isso, jamais contemplam os lírios do campo; muitos habitam no campo e passam por eles todos os dias sem considerá-los sequer uma vez. Ah! Quantos de fato contemplam os lírios do campo como Jesus contemplava?[48]

---

48 Søren Kierkegaard, *Los lírios del campo y las aves del cielo*. Madri: Editorial Trotta, 2007, p. 33.

REFERÊNCIAS

BAUMAN, Zygmunt. *Comunidade*. Rio de Janeiro: Zahar, 2003.

_____. *Modernidade líquida*. Rio de Janeiro: Zahar, 2001 [2000].

BERLIN, Isaiah. "O ouriço e a raposa". In: HARDY, Henry e HAUSHEER, Roger (orgs.). *Estudos sobre a humanidade*: uma antologia de ensaios. São Paulo: Companhia das Letras, 2002.

BERMAN, Marshall. *Tudo que é sólido desmancha no ar*: a aventura da modernidade. São Paulo: Companhia das Letras, 1986 [1982].

BLOOM, Allan. *The closing of the american mind*: how higher education has failed democracy and impoverished the souls of today's students. New York: Simon & Schuster, 1987.

BOCK, Darrell L. *Luke 9:51-24:53*. Grand Rapids, Michigan: Baker Academic, 1996.

BONHOEFFER, Dietrich. *Discipulado*. São Leopoldo: Sinodal, 2017.

BOUNDS, E. M. *O poder através da oração*. São Paulo: Batista Regular, 1997.

DEVER, Mark. *Discipulado*. São Paulo: Vida Nova, 2016.

_____ e DUNLOP, Jamie. *A comunidade cativante*. São José dos Campos, SP: Fiel, 2016.

GIRARD, René. *Mentira romântica e verdade romanesca*. São Paulo: É Realizações, 2009.

HAMERTON-KELLY, Robert G. *Violência sagrada*: Paulo e a hermenêutica da cruz. São Paulo: É Realizações, 2012.

HENDRICKS, Howard e HENDRICKS, William. *Como ferro afia o ferro*: a formação do caráter por meio do mentoreamento. São Paulo: Shedd, 2006.

HENGEL, Martin. *Crucifixion*. Filadélfia: Fortress Press, 1977.

AGOSTINHO DE HIPONA. *Confissões*. Lisboa: Casa da Moeda, 2004.

_____. *Confissões*. São Paulo: Abril Cultural, 1973.

KELLER, Timothy. *Ego transformado*. São Paulo: Vida Nova, 2014.

KIERKEGAARD, Søren. "O evangelho dos sofrimentos". In: *Discursos edificantes em diversos espíritos — 1847*. São Paulo: LiberArs, 2018.

_____. *Los lírios del campo y las aves del cielo*. Madri: Editorial Trotta, 2007.

KIRWAN, Michael. *Teoria mimética*: conceitos fundamentais. São Paulo: É Realizações, 2015.

LASCH, Christopher. *The culture of narcissism*: american life in an age of diminishing expectations. New York: W. W. Norton & Company, 1979.

_____. *The minimal self*: psychic survival in troubled times. New York: W. W. Norton & Company, 1984.

LAVELLE, Louis. *O erro de Narciso*. São Paulo: É Realizações, 2012.

LEEMAN, Jonathan. *A igreja centrada na Palavra*. São Paulo: Vida Nova, 2019.

LEWIS, C. S. *Cristianismo puro e simples*. São Paulo: ABU, 2008.

_____. *Mero cristianismo*. São Paulo: Quadrante, 1997.

LIPOVETSKY, Gilles. *A era do vazio*: ensaios sobre o individualismo contemporâneo. Barueri, SP: Manole, 2005 [1995].

_____. *Da leveza*: rumo a uma civilização sem peso. Barueri, SP: Manole, 2016 [2015].

LOPES, Augustus Nicodemus. *Apóstolos*: a verdade bíblica sobre o apostolado. São José dos Campos, SP: Fiel, 2014.

LUTERO, Martinho. "Os sete salmos de penitência". In: *Obras selecionadas*: interpretação bíblica e princípios. São Leopoldo, RS: Sinodal, 2003, v. 8.

MADUREIRA, Jonas. *Inteligência humilhada*. São Paulo: Vida Nova, 2017.

GREGÓRIO MAGNO. *Regra pastoral*. São Paulo: Paulus, 2010.

MARSHALL, Colin e PAYNE, Tony. *A treliça e a videira*: a mentalidade de discipulado que muda tudo. São José dos Campos, SP: Fiel, 2015.

MCGRATH, Alister. *A vida de João Calvino*. São Paulo: Cultura Cristã, 2004.

MEHDI, Irmão. *Agora vejo*: a história de um ex-mulçumano que se rendeu ao Senhor Jesus. Porto Alegre: Chamada, 2018.

MEIER, John P. *Um judeu marginal*: repensando o Jesus histórico. Rio de Janeiro: Imago, 2003.

PASCAL, Blaise. *Pensamentos*. São Paulo: Martins Fontes, 2001.

ROUSSEAU, Jean-Jacques. *Confissões*. Barueri, SP: Edipro, 2008.

SENNETT, Richard. *O declínio do homem público*: as tiranias da intimidade. Rio de Janeiro: Record, 2014.

SHELDON, Charles M. *Em seus passos o que faria Jesus?* São Paulo: Mundo Cristão, 2007.

SMITHER, Edward L. *Agostinho como mentor*: um modelo para preparação de líderes. São Paulo: Hagnos, 2012.

TAYLOR, Charles. *A ética da autenticidade*. São Paulo: É Realizações, 2011.

_____. *As fontes do self*: a construção da identidade moderna. São Paulo: Loyola, 2013 [1994].

_____. *Uma era secular*. São Leopoldo, RS: Unisinos, 2010 [2007].

TRILLING, Lionel. *Sinceridade e autenticidade*: a vida em sociedade e a afirmação do eu. São Paulo: É Realizações, 2014.

VANHOOZER, Kevin J. *Encenando o drama da doutrina*: teologia a serviço da igreja. São Paulo: Vida Nova, 2016.

_____."Em sombras brilhantes: C. S. Lewis e a imaginação na teologia e no discipulado". In: PIPER, John e MATHIS, David (orgs.). *O racionalista romântico*: Deus, vida e imaginação na obra de C. S. Lewis. Brasília, DF: Monergismo, 2017.

O Ministério Fiel visa apoiar a igreja de Deus, fornecendo conteúdo fiel às Escrituras através de conferências, cursos teológicos, literatura, ministério Adote um Pastor e conteúdo online gratuito.

Disponibilizamos em nosso site centenas de recursos, como vídeos de pregações e conferências, artigos, e-books, audiolivros, blog e muito mais. Lá também é possível assinar nosso informativo e se tornar parte da comunidade Fiel, recebendo acesso a esses e outros materiais, além de promoções exclusivas.

Visite nosso site

www.ministeriofiel.com.br

LEIA TAMBÉM

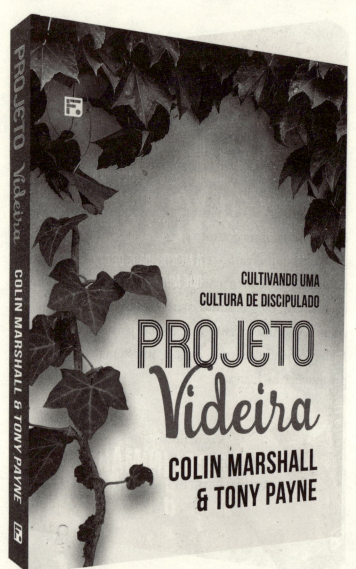

LEIA TAMBÉM

A TRELIÇA e a Videira
A MENTALIDADE DE DISCIPULADO QUE MUDA TUDO

COLIN MARSHALL & TONY PAYNE